AF209584

Chris Ahrweiler

Online Database Evolution

Entwicklung, Anwendung und Perspektive bei Web-basierten Datenbanken

1. Auflage März 2000
© ATEC-Software, Willich

ISBN 3-89811-843-6

www.ATEC-Software.com
contact@ATEC-Software.com

Herstellung: Libri Books on Demand

Vorwort

Dieses Buch ist meinen Eltern gewidmet, die es gerade in meiner Kindheit und Jugend nicht leicht mit mir hatten. Sie haben mir meine Ausbildungen ermöglicht und mich immer unterstützt, obwohl meine Pläne wenig zielstrebig zu sein schienen. Ich bin ihnen ewig dankbar.

Mein weiterer Dank gilt Klaudia und allen, die das Manuskript korrigiert haben, Anett für konstruktive Kritik und guten Rat sowie der Frau meiner Träume, die mich immer wieder aus der Welt der Bits&Bytes heraus holt ...

Chris Ahrweiler, März 2000

Inhaltsverzeichnis

Abbildungsverzeichnis

Tabellenverzeichnis

Abkürzungsverzeichnis

ADO	Active Data Objects
ANSI	American National Standards Institut
API	Application Program Interface
ASP	Active Server Pages
CE	Course Evaluation
CGI	Common Gateway Interface
CIT	Center for Instructional Technology
COM	Component Object Model
DB	Data Base
DB2	Universal Database von IBM
DBMS	Database Management System
DBS	Datenbanksystem
DDL	Data Definition Language
DHTML	Dynamic Hypertext Markup Language
DLL	Dynamic Link Libraries
DML	Data Manipulation Language
EBS	European Business School
EC	Electronic Commerce
ERD	Entity Relationship Diagramm
ERM	Entity Relationship Modell
FTP	File-Transfer-Protocol
HTML	Hypertext Markup Language
HTTP	Hypertext Protocol
IE	Internet Explorer
IIS	Internet Information Server
IP	Internet Protocol
ISAPI	Internet Server Application Programming Interface
JDBC	Java Database Connectivity
JMU	James Madison University
JSP	Java Server Pages
LAN	Local Area Network

MonQueST	Monash Questionnaire Series on Teaching
MTS	Microsoft Transaction Server
ODBC	Open Database Connectivity
PDF	Portable Document Format
Perl	Practical Extraction Language
PHP	Personal Home Pages
PWS	Personal Web Server
PWS	Peer Web Server
RDBMS	Relational Database Management System
RDS	Remote Data Service
SET	Secure Electronic Transaction
SMS	Short Message Service
SQL	Structured Query Language
SSL	Secure Socket Layer
TBC	Tabular Data Control
TCP/IP	Transmission Control Protocol / nternet Protocol
TELNET	Terminal Emulation
URL	Universal Ressource Location
VB	Visual Basic
WAN	Wide Area Network
Web	Kurzform für World-Wide-Web
WWW	World-Wide-Web
WYSIWYG	What you see is what you get
XML	Extensive Markup Language

Hinweise

Modulare Web-Datenbank

Der Begriff ‚modulare Web-Datenbank' geht auf den Autor zurück. Er entstand im Sommer 1999 im Rahmen eines Konzepts zur Erstellung einer flexiblen Web-Datenbank.

© CEweb / DoBe

Alle Code-Auszüge, SQL-Statements, Screenshots und Diagramme im Zusammenhang mit ‚CEweb' bzw. ‚DoBe' entstammen der eigenen Entwicklung. Daher sind die Abbildungen (Abb. 11-34; Abb. 37-39) und Tabellen (Tab. 1-4) nicht explizit mit Quell-Angaben versehen. Das Copyright liegt beim Verfasser.

© Online Exams

Das Beispiel ‚Online Exams' in Kapitel 4.4 entstammt dem Center for Instructional Technology (CIT)[1] der James Madison University (JMU)[2], Virginia, U.S.A. und wird hier mit ausdrücklicher Erlaubnis des Entwicklers verwendet. Die Abbildungen (Abb. 40-49) sind durchgehend Screenshots der Web-Site für ‚Internet-Based Exams & Excercises' (ibex)[3] und daher nicht explizit mit Quell-Angaben versehen. Der Verfasser dieser Arbeit und der Entwickler des Online Examen sind seit 1997 Kollegen und entwickeln zeitlich parallel an Web-Projekten, die zur Kategorie ‚modulare Web-Datenbanken' gehören.

---

[1] Center for Instructional Technology: *http://cit.jmu.edu* · Stand: 03.02.2000
[2] James Madison University: *http://www.jmu.edu* · Stand: 03.02.2000
[3] Center for Instructional Technology: *http://cit.jmu.edu/ibex/manager/* · Stand: 12.02.2000

1. Einleitung

1.1 Motiviation

„Zum Jahresende wird die c't-Redaktion den Fido[4]-kompatiblen Teil des gerNet[5] ab-schalten. Auch die c't-Mailbox wird außer Betrieb genommen"[6] – so beginnt ein Arti-kel in der c't 1999/26. Prägnanter läßt sich die aktuelle Entwicklung nicht darstellen: Traditionelle Mailboxsysteme haben ausgedient. Das Internet hat sie verdrängt. Inhal-te wie Hardware-Treiber, Software und Quell-Codes werden nun per FTP[7] und Artikel über das WWW[8] angeboten. Bei Nachrichtendiensten haben sich Zeitungen[9] und Nachrichtensender[10] für eine Präsenz im Web entschieden und im Druckbereich sind die ersten digitalen Buchläden online[11]. Darüber hinaus ist „das Internet im Begriff, die Prinzipien der Anwendungsentwicklung grundlegend zu verändern"[12]: In der ‚Vi-sual Explorations'[13] von Silicon Graphics wird eindrucksvoll demonstriert, wie Grafik-bearbeitung im Internet Explorer (IE)[14] realisiert werden kann. Ob solche Anwendun-gen in einer Plattform unabhängigen Sprache wie Java[15] entwickelt oder anders imp-lementiert werden, ist dabei weniger wichtig. Viel relevanter ist, daß diese neuen An-wendungen auf der Internet-Technologie basieren und insofern revolutionär sind, als sie den Anwender vor Investitionen, wie dem Kauf und der Installation unterschiedli-

---

[4] Das Fido-Netz ist ein Computernetzwerk von etwa 30.000 Systemen, die vor allem Emails und Da-teien miteinander austauschen. Es kann als Vorgänger des Internet angesehen werden.
Vgl. *http://www.fidonet.org/* · Stand: 06.02.2000

[5] Eine aus der Fido-Netz Zeit stammende Newsgroup.

[6] Labs L.: GerNet: FTN-Teil wird abgeschaltet; c't; 1999; Heft 26; S.16

[7] Das **F**ile **T**ransfer **P**rotocol (FTP) ist ein Dienst im Internet zur direkten Dateiübertragung.
Vgl.: Webopedia: *http://webopedia.internet.com/TERM/F/FTP.html* · Stand: 03.02.2000

[8] Das **W**orld **W**ide **W**eb (WWW) ist ein Dienst im Internet zur Darstellung von Dokumenten, die so-wohl Multimedia-Elemente beinhalten können, als auch über 'Hyperlinks' mit anderen Dokumenten verbunden sind.
Vgl.: Webopedia: *http://webopedia.internet.com/TERM/W/World_Wide_Web.html* · Stand: 03.02.2000

[9] Z.B.: Rheinische Post: *http://rp-online.de* · Stand: 03.02.2000

[10] Z.B.: ARD Tagesschau: *http://www.tagesschau.de* · Stand: 03.02.2000

[11] Z.B.: Books on Demand: *http://www.bod.de* · Stand: 03.02.2000

[12] Achtert W.: Datenbank und Webserver in einem; Datenbank Fokus, 07/98, S.58

[13] Demo-Software, die bei SGI Workstations mitgeliefert wird.
Vgl.: SGI: *http://www.sgi.com* · Stand: 03.02.2000

[14] Der Internet-Explorer ist der Web-Browser der Firma Microsoft
Vgl.: Microsoft: *http://www.Microsoft.com/ie* · Stand: 03.02.2000

[15] Vgl.: Sun: *http://java.sun.com/docs/books/tutorial/* · Stand: 03.02.2000

cher Software für verschiedene Anwendungsbereiche, bewahrt und von der Arbeits-platzbindung wegen lokalem Dateimanagement befreit.

Die Integration des IE in das Betriebssystem Microsoft Windows95[16], die zur Zeit in der Anti-Trust-Klage des amerikanischen Justizministeriums verhandelt wird, ist nicht nur eine Marketingstrategie, sondern verdeutlicht die Möglichkeiten, die sich mit der Internet-Technologie ergeben: Zukünftig werden die Grenzen zwischen Daten auf lo-kalen Laufwerken und solchen auf entfernten Servern verschwimmen (vgl. Abb. 1) Möglicherweise wird es schon bald keine Rolle mehr spielen, wo auf der Welt sich die

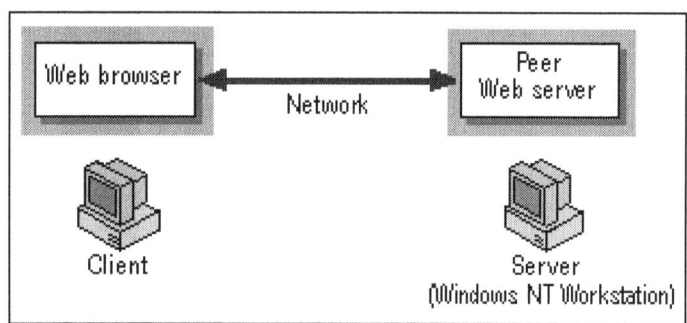

Dateien befinden, mit denen auf PCs und Workstations gearbeitet wird, weil diese im Internet – für den Benutzer völlig transparent – ständig bereitgehalten werden.

Abb. 1) Client Server Technologie.
Der Client schickt eine Anfrage über das Internet an den Host Rechner - einen NT Server. Dieser liefert das angeforderte Web-Dokument über das Internet an den Client zurück, der es mittels Web Browser anzeigt.[17]

Globalisierung wird es demnach auch im Bereich der Informations-Technologie ge-ben, vor allem dort, wo es um verteilte Daten geht.

Fast unmerklich hat sich in dieser Entwicklung eine Technik etabliert, die es erlaubt, Inhalte von Webseiten nicht mehr manuell anzupassen, sondern insbesondere bei tagesaktuellen Informationen dynamisch zu generieren. Dabei geht es nicht um dy-namische Sprachelemente wie JavaScript™[18,19,20] als HTML[21,22]-Erweiterung, sondern

---

[16] Vgl.: ZDNet: *http://www.zdnet.de/news/artikel/1998/06/24002-wf.htm* · Stand: 03.02.2000
[17] Quelle: Microsoft: Microsoft Peer Web Server - Online Documentation; Chapter 2
[18] JavaScript ist eine plattformunabhängige Skript Sprache zur Erweiterung der Funktionalität von Webseiten.
Vgl.: Webopedia: *http://webopedia.internet.com/TERM/J/JavaScript.html* · Stand: 03.02.2000
[19] Vgl.: Sun: *http://java.sun.com/* · Stand: 03.02.2000
[20] Vgl.: Barrett D., Livingston D., Brown M.: JavaScript – for web professionals; New Jersey; 1999, S. x, xi

um die Inhalte selbst. Realisiert wird die Dynamik der Inhalte durch Datenbankzugriffe. Bei vielen Websites wird die Codierung der HTML-Seiten daher von der Struktur und Funktionalität der dahinter liegenden Datenbank dominiert[23]. Neben den Angeboten mit Nachrichtencharakter liegen insbesondere allen E-Commerce[24] Sites Datenbanken zugrunde, die vor allem Produkt- und Kundendaten liefern. Datenbanken sind daher von der allgemeinen Entwicklung ganz besonders betroffen.

1.2 **Problemstellung**

Mehrbenutzer-Systeme im Datenbankbereich sind schon lange selbstverständlich, aber die Entwicklung von Firmendatenbanken im LAN[25] über Corporate Datenbanken im WAN[26] zu globalen Datenbanken hat gerade erst begonnen - vor allem im Hinblick auf die Einbindung von legacy systems[27], bisherigen Lösungen, die z.B. in Oracle, SQL[28] oder DB2[29] programmiert wurden. Darüber hinaus erfordern globale Datenbanken auch eine globale Denkweise. Sie müssen rund um die Uhr verfügbar sein; Wartungsarbeiten nachts oder am Wochenende durchzuführen, ist nicht mehr möglich, denn irgendwo auf der Welt gibt es immer jemanden, der auf die Datenbank

---

[21] HyperText Markup Language *(HTML)* die Seitenbeschreibungssprache zur Darstellung von Web-Dokumenten.
Vgl.: Webopedia: *http://webopedia.internet.com/TERM/H/HTML.html* · Stand: 03.02.2000
[22] Vgl. Nolden M.: FrontPage2000; Düsseldorf; 1999; S.812ff
[23] Beispiel: Die Veranstaltungsübersicht der ebs greift auf eine MS-Access-Datenbank zu, in der die Veranstaltungsinformationen gespeichert sind.
European Business School: *http://www.ebs.de/Wir_ueber_uns/Veranstaltungen.asp* · Stand: 03.02.2000
[24] „E-commerce (electronic commerce or EC) is the buying and selling of goods and services on the Internet, especially the World Wide Web. In practice, this term and a new term, ‚e-business,' are often used interchangably. For online retail selling, the term e-tailing is sometimes used".
Whatis: *http://www.whatis.com/ecommerc.htm* · Stand: 14.02.2000
[25] Local-Area Network (LAN) ein, räumlich gesehen, kleines Computer-Netzwerk.
Vgl.: Webopedia: *http://webopedia.internet.com/TERM/l/local_area_network_LAN.html* · Stand: 03.02.2000
[26] Wide-Area Network (WAN) ein, geographisch gesehen, größeres Computer-Netzwerk.
Vgl.: Webopedia: *http://webopedia.internet.com/TERM/w/wide_area_network_WAN.html* · Stand: 03.02.2000
[27] Systeme oder Applikationen einer Firma, die noch auf alten Computersystemen laufen und vor allem wegen der Datenbestände wertvoll sind.
Vgl.: Webopedia: http://webopedia.internet.com/TERM/l/legacy_application.html · Stand: 13.02.2000
[28] Vgl.: Walther S.: Active Server Pages UNLEASHED; First Edition; 1998; S.338ff
[29] Database 2 (DB2) ist eine von IBM angebotene Relationale Datenbank.
Vgl.: Webopedia: *http://webopedia.internet.com/TERM/D/DB2.html* · Stand: 03.02.2000

zugreifen will. Trotzdem sind auch hier Wartungsarbeiten erforderlich. Dies zeigt deutlich die Schwierigkeiten, die sich aus dem Potential der Internet-Technologie ergeben. Die globale Verfügbarkeit stellt hohe Anforderungen an die Mehrbenutzer-Systeme. Diese Anforderungen zu untersuchen und Möglichkeiten aufzuzeigen, ihnen gerecht zu werden, ist Ziel der Untersuchung.

1.3 Gang der Untersuchung

Die Entwicklung von Internet-basierten Datenbanksystemen (Online Databases) ist Thema dieser Arbeit, die in einen zweiteiligen theoretischen und einen praktischen Teil untergliedert ist. Zunächst werden in den theoretischen Teilen die technischen Grundlagen der Internet- und insbesondere der Datenbankprogrammierung erläutert. Da einige Web-Programmiersprachen bereits Datenbankzugriff erlauben, ist es notwendig, diese Sprachen zu beschreiben und deren Potential aufzuzeigen. Der Unterschied zwischen statischer und dynamischer Programmierung wird kurz verdeutlicht und ein thematischer Übergang zu den Datenbanksystemen geschaffen, die für die Internet-Programmierung relevant sind und im zweiten Theorieteil beschrieben werden.

Der Diskussion der Schwierigkeiten der Datenbankentwicklung auf globaler Ebene, mit denen man bislang nicht konfrontiert wurde, dient der praktische Teil. An die Stelle überschaubarer Benutzerstrukturen in begrenzt verteilten Datenbanken tritt eine unüberschaubare Anzahl von Anwendern, die gleichzeitig mit Anbietern und Datenbankentwicklern auf dieselbe Web-Site respektive Datenbank zugreifen.

Möglichkeiten zur Bewältigung dieser Aufgabe in der Praxis werden anhand von Beispielen aufgezeigt. Da der praktische Teil vor allem auch Code-Beispiele enthält, ist der Theorieteil über die Entwicklungssprachen und Datenbanksysteme als Voraussetzung anzusehen.

Bisher wurde bei der Software-Entwicklung immer nur zwischen Entwickler und Anwender unterschieden. Das hängt damit zusammen, daß eine Applikation - vereinfacht gesagt - nach Fertigstellung vom Entwickler an den Anwender ausgehändigt und von diesem anschließend selbständig eingesetzt wird. Der Entwickler tritt im allgemeinen nur noch durch Updates oder Bugfixes[30] in Erscheinung. Insofern lassen sich bei der Software-Entwicklung auch die Konzepte zur DV-Anwendungsentwicklung (wie z.B. das Phasenkonzept[31]) einsetzen. Nicht nach diesem Schema verläuft jedoch die Entwicklung von Web-Applikationen, die zur Zeit noch in den Anfängen steckt. Wegen des enormen Tempos in diesem Bereich ist es kaum möglich, ein Projekt durchgängig fertig zu stellen. Denn zum einen ändern sich die Anforderungen an die Entwickler fortlaufend und zum anderen befindet sich die Programmier-Technik noch in den Anfängen, wodurch sich dauernd neue Möglichkeiten ergeben. Deshalb wird ein Web-Projekt regelmäßig von einem Entwickler begleitet, selbst wenn sich die ‚fertige' Software bereits im Einsatz befindet. Es ergibt sich eine viel engere Bindung zwischen Anwender und Entwickler. Darüber hinaus ist es - in Abhängigkeit von der Art der Applikation - meist so, daß der sogenannte ‚Anwender' bei Web-Projekten gar nicht der Anwender im Sinne eines letzten Nachfragers[32] ist, sondern vielmehr der Anbieter, der dem letzten Nachfrager seine Dienste (z.B. einen Online-Store, einen Recherche- oder Nachrichten-Dienst) per Internet offeriert. Der Entwickler fertigt die Web-Applikation also für den Anbieter an, der darüber seine Dienste dem Anwender anbietet. Im Extremfall kann es sein, daß der Entwickler an einer Web-Applikation arbeitet, die gleichzeitig vom Anbieter betreut und von mehreren Anwendern benutzt wird. Dabei muß die Applikation so gestaltet sein, daß jegliche Veränderung in der Struktur oder am Inhalt für den Anwender störungsfrei verläuft.

Im Hinblick auf Datensicherheit und –konsistenz, ist ein System zu entwickeln, daß sich strukturell und inhaltlich verändern läßt, obwohl zur gleichen Zeit eine Vielzahl von Anwendern aktiv ist. Nach der Sensibilisierung für die Thematik soll daher im letzten Abschnitt des Praxisteils mit der ‚modularen Web-Datenbank' eine neue Technik vorgestellt werden, mit der sich dieses Problem lösen läßt.

---

[30] In der Regel kleine Programme, die fehlerhaften Code oder ganze Dateien eines installierten Software-Pakets überschreiben bzw. austauschen.
[31] Vgl.: Stahlknecht: Einführung in die Wirtschaftsinformatik; Springer Verlag; 5. Aufl.; S.229
[32] Vgl.: Meyer P.W.: Integrierte Marketing-Funktionen; Kohlhammer; 4. Aufl.; 1996; S.70

2. Theorie I – Programmierung im WWW

Die Geschichte des Internet ist in unzähligen Publikationen dargestellt worden und erfordert daher keine weitere Erläuterung[33]. Allerdings bereitet die Unterscheidung zwischen Internet, WWW, Email und anderen Diensten noch immer Schwierigkeiten.

Das Internet ist lediglich ein Netz von Hosts[34], die überall auf der Welt betrieben werden, sich über IP-Adressen[35] identifizieren lassen und zur Kommunikation das Transmission Control Protocol/Internet Protocol (TCP/IP)[36] verwenden. WWW, Email, Gopher und FTP sind Dienste, die sich dieses Netzes bedienen. Demnach ist das Internet lediglich das Medium, auf dem die genannten Dienste aufbauen – ähnlich wie das Telefonleitungsnetz das Medium für die Dienste Telefon, Telex, Bildschirmtext und Telefax darstellt.

Das ‚Web' als Kurzform für World Wide Web steht für die spinnennetz-artige Verknüpfung von Hypertext[37]-Dokumenten, den sogenannten Web-Dokumenten. Global gesehen entspricht das Web dem WWW. Lokal gesehen entspricht ein Web einer Web-Site, also einem Netz von zusammengehörigen Web-Dokumenten, die in einem Verzeichnis eines Web-Servers[38] liegen und in der Regel über eine einzige Web-Adresse zu adressieren sind. Der Begriff ‚Web' wird inzwischen auch in Office-Produkten wie

---

[33] Vgl.: Nolden M.: FrontPage2000; Düsseldorf; 1999; S.83ff

[34] Unter Host versteht man einen Computer, der z.B. über das Telefonnetz mit einem oder mehreren anderen Computer verbunden ist. Im Gegensatz zum Client, der Dienste in Anspruch nimmt, ist der Host das Gegenstück und bietet Dienste an. Ein Host im Internet kann z.B. ein Web-Server oder Email-Server sein.
Vgl.: Webopedia: *http://webopedia.internet.com/TERM/h/host.html* · Stand: 03.02.2000

[35] Eine IP-Adresse ist eine eindeutige Adresse für einen Computer oder ein Peripherie-Gerät, daß über das TCP/IP verbunden ist.
Vgl.: Webopedia: *http://webopedia.internet.com/TERM/I/IP_address.html* · Stand: 03.02.2000

[36] Das Transmission Control Protocol/Internet Protocol (TCP/IP) ist *das* Kommunikationsprotokoll, welches die Hosts und Clients im Internet miteinander verbindet.
Vgl.: Webopedia: *http://webopedia.internet.com/TERM/T/TCP_IP.html* · Stand: 03.02.2000

[37] Hypertext Dokumente unterscheiden sich von anderen Dokumenten dadurch, daß sie Hyperlinks enthalten. Hyperlinks sind Sprungadressen zu anderen Dokumenten, die in der Regel thematisch miteinander verbunden sind.
Vgl.: Webopedia: *http://webopedia.internet.com/TERM/h/hypertext.html* · Stand: 03.02.2000

[38] Ein Web-Server ist ein Host im Internet, der Web-Dokumente anbietet.
Vgl.: Webopedia: *http://webopedia.internet.com/TERM/W/Web_server.html* · Stand: 03.02.2000

Microsoft FrontPage[39] oder Entwicklungswerkzeugen wie Microsoft Visual-Interdev[40] verwendet, um Web-Projekte zu beschreiben. In dieser Notation steht ‚Web-Site' ebenfalls für ein Web im Sinne eines Web-Projekts und eine ‚Web-Seite' für ein einzelnes Web-Dokument[41], also eine einzige HTML-Datei.

2.1 Die Web-Programmierung

Die Basis der Web-Programmierung ist die Beschreibungssprache HTML[42]. In HTML-Dokumenten werden darzustellende Inhalte mit Steuerkommandos, den Tags, formatiert und sind insofern mit einem Word-Dokument vergleichbar. Dargestellt werden diese Dokumente mit Web-Browsern wie z.B. dem Netscape Navigator[43], Internet Explorer oder Opera[44], die die Tags interpretieren und die Inhalte formatiert anzeigen können. Bei der Web-Programmierung kann man zwischen statischen, interaktiven und dynamischen Dokumenten unterscheiden.[45]

2.1.1 Statische Web-Dokumente

Als ‚statisch' bezeichnet man ein Web-Dokument, wenn es sich nach der Übertragung vom Server beim Client nicht mehr verändert. Bilder und andere Multimediaelemente[46] wie Ton und Video sind damit ebenso wenig gemeint, wie Tabellen und Frames[47,48]. Der HTML-Standard, in der aktuellen Version 4.01, definiert insofern nur den

---

[39] Microsofts Entwicklungswerkzeug für Web-Sites.
Vgl.: Microsoft: *http://www.microsoft.com/frontpage* · Stand: 03.02.2000
[40] Microsofts Entwicklungswerkzeug für Web-Sites.
Vgl.: Microsoft: *http://msdn.microsoft.com/vinterdev/default.asp* · Stand: 03.02.2000
[41] Web-Dokument und Web-Seite werden synonym verwandt.
[42] Vgl.: Word Wide Web Consortium: *http://www.w3.org/MarkUp/* · Stand: 03.02.2000
[43] Der Web-Browser der Firma Netscape
Vgl.: Netscape: *http://www.netscape.com/* · Stand: 03.02.2000
[44] Der Web-Browser der Opera Software
Vgl.: Opera: *http://www.opera.com/* · Stand: 03.02.2000
[45] Vgl. auch im folgenden: Hillier S., Mezick D.: Active Server Pages – Programmierung; Microsoft Press; 1997; S.17ff
[46] Der Begriff ‚Multimedia', bezeichnet den Einsatz verschiedener Medientypen. Im einzelnen sind das vor allem Bild, Ton und Video.
[47] Vgl.: Ladd E., O'Donnell J.: Using HTML 3.2, Java 1.1, and CGI; Plantinum Edition; 1996; S. 245-247
[48] Vgl. bezüglich Adressierung von Fenstern mit JavaScript:
Barrett D., Livingston D., Brown M.: JavaScript – for web professionals; New Jersey; 1999; S. 117ff

statischen Teil der Beschreibungssprache und läßt durch Scripte und Plugins Freiraum für dynamische Inhalte.[49]

2.1.2 Interaktive Web-Dokumente

Neben den Browser-Erweiterungen (Plugins[50,51]) wie Streaming Audio/Video[52] oder Shockwave[53,54], die das Einbinden von Multimedia-Komponenten in Web-Dokumente ermöglichen, haben vor allem die Skript-Sprachen[55] zusätzliche Verbesserungen auf dem Weg zur Interaktivität gebracht: VB-Script[56] und JavaScript™[57] sind insofern HTML-Erweiterungen, als sie in HTML-Dokumente integriert werden und die Beschreibungssprache so um Programmiermöglichkeiten erweitern, die vor allem im Bereich der Effekte und der Navigation neue Möglichkeiten eröffnen. Weniger im Bereich der Effekte, sondern vielmehr im Bereich sicherheitsrelevanter Anwendungen wie z.B. im Online-Banking haben sich Java-Applets[58] und ActiveX-Komponenten[59] etabliert, die als eigenständige Objekte im Webbrowser ablaufen.

2.1.3 Dynamische Web-Dokumente

Wenngleich obige Neuerungen die Interaktivität erhöhen, bleiben die Web-Dokumente statisch, denn sobald ein Web-Dokument beim Client angekommen ist und vom Browser interpretiert wurde, kann der Inhalt nicht mehr variiert werden. Auch durch die Einführung von Formularen[60,61,62], mit denen sich Eingabe- und Aus-

---

[49] Vgl.: Walther S.: Active Server Pages UNLEASHED; First Edition; 1998; S.122ff

[50] Vgl.: Puscher F.: Die Tricks der Internet-Künstler; dpunkt.verlag; Heidelberg; 1999; S. 147ff und 160ff

[51] Vgl.: Nolden M.: FrontPage2000; Düsseldorf; 1999; S.621ff

[52] Vgl.: Real: *http://www.realplayer.com/* · Stand: 03.02.2000

[53] Vgl.: Macromedia: *http://www.macromedia.com/* · Stand: 03.02.2000

[54] Vgl. bezüglich Shockwave: Puscher F.: Die Tricks der Internet-Künstler; dpunkt.verlag; Heidelberg; 1999; S. 115ff und 140ff

[55] Vgl.: Ladd E., O'Donnell J.: Using HTML 3.2, Java 1.1, and CGI; Plantinum Edition; 1996; S.1085ff

[56] Vgl.: Walther S.: Active Server Pages UNLEASHED; First Edition; 1998; S.262ff

[57] Vgl.: Walther S.: Active Server Pages UNLEASHED; First Edition; 1998; S.302ff

[58] Applet ist eine Kurzform von Applikation (Anwendung) und steht für eine Anwendung, die innerhalb einer anderen Anwendung läuft, so wie ein JavaApplet innerhalb eines Web-Browsers läuft.
Vgl.: Webopedia: *http://webopedia.internet.com/TERM/a/applet.html* · Stand: 03.02.2000
Vgl.: Davis S.R.: Learn Java Now; Redmond; 1996; S. XX
Vgl.: Flanagan D.: Java in a nutshell; O'Reilly; 2nd Edition; 1997; S.85ff

[59] Vgl.: Webopedia: *http://webopedia.internet.com/TERM/A/ActiveX.html* · Stand: 03.02.2000

[60] Vgl.: Walther S.: Active Server Pages UNLEASHED; First Edition; 1998; S.165f

wahlfelder in Web-Dokumente integrieren lassen, ist keine wirkliche Dynamik gegeben, da sich Daten zwar aus einem Formular[63] vom Client zurück an den Server übertragen lassen, dieser Vorgang sich aber - vom Gesichtspunkt der Dynamik - nicht von dem eines neuen Requests[64] unterscheidet, selbst wenn dabei Parameter übertragen werden[65].

- *DHTML*

Von echter Dynamik in Web-Dokumenten kann man daher erst bei der Verwendung von dynamischem HTML (DHTML)[66], als Erweiterung von HTML, sprechen. Mit DHTML sind Tags zur Laufzeit durch Skripte veränderbar[67]. HTML und DHTML unterscheiden sich vor allem in der Behandlung des Datenstroms. Bei HTML lassen sich nach der Übertragung des Web-Dokuments keine Inhalte mehr verändern, dagegen ermöglicht VB-Script bei DHTML[68] die nachträgliche Bearbeitung einzelner Tags, die für die jeweilige Sitzung als Objekte referenziert werden. DHTML[69] kann insbesondere auch auf Ereignisse reagieren und unterstützt die Datenbindung von Formularfeldern.

DHTML[70] gehört zu den sogenannten Client-Side Languages[71], Beschreibungssprachen, die Datenbankzugriffe ausschließlich auf der Client-Seite, also im Web-Browser ermöglichen. Der in die Web-Seite integrierte Datenbankcode wird also erst beim Client ausgeführt, nachdem der Browser diesen interpretiert hat.[72]

---

[61] Vgl. bezüglich Fehlerbehandlung in Formularen: Barrett D., Livingston D., Brown M.: JavaScript – for web professionals; New Jersey; 1999; S. 87ff
[62] Vgl.: Walther S. et al.: Active Server Pages 2.0 – UNLEASHED; 1999; S.61
[63] Vgl. bezüglich Erstellung von Formularen:
Kübler M.: Web Design; dpunkt.verlag; Heidelberg; 1999; S. 97 ff
[64] Die Anfrage an einen Server, ein Web-Dokument zu liefern.
[65] Bei der Verwendung von Formularen werden deren Inhalte beim Abruf des Web-Dokuments als Parameter an die URL angehängt (z.B. .../request.asp?vorname=Chris&name=Ahrweiler).
[66] Vgl.: Webopedia: *http://webopedia.internet.com/TERM/d/dynamic_HTML.html* · Stand: 03.02.2000
[67] Vgl.: Hillier S., Mezick D.: Active Server Pages – Programmierung; Microsoft Press; 1997; S.27
[68] Vgl.: Livingston D., Brown M.: CSS & DHTML for Web Professionals; 1999; S.19ff
[69] Vgl.: Puscher F.: Die Tricks der Internet-Künstler; dpunkt.verlag; Heidelberg; 1999; S. 48,60ff
[70] Vgl.: *http://www.devshed.com/Client_Side/DHTML/* · Stand: 03.02.2000
[71] Vgl.: *http://www.devshed.com/* · Stand: 03.02.2000
[72] Vgl.: Goldmann S.: Menu à la carte; INTERNET-PROFESSIONAL; August 1999; S. 86ff

- ***XML***

Auch die **E**xtensible **M**arkup **L**anguage (XML)[73] gehört zu dieser Kategorie von Beschreibungssprachen. Sie ist eine Meta-Sprache, mit der sich eine andere Sprache erstellen läßt. Genauer gesagt, läßt sich mit XML[74] der Umfang an Funktionen erweitern[75], die in HTML existieren. Obwohl XML keine direkte Datenbankunterstützung liefert, kann sie zur Datenbankprogrammierung verwendet werden[76], weil sich prinzipiell alle anderen Beschreibungssprachen integrieren lassen[77]. Insbesondere gibt es Applikationen, die XML-Dateien generieren, wie z.B. der IBM **D**ynamic **XML** for **J**ava (DXMLJ) Processor[78].

Welche Zukunft die Industrie für XML[79,80] sieht, wird bei der gerade angekündigten Allianz zwischen Altrada und Microsoft deutlich. Altrada ist ein Online-Auktionator, der die Verwaltung von Auktionsangeboten über die Integration von DV-Systemen wie SAP R/3[81] mittels der XML-Schnittstelle realisiert. Microsoft wünscht sich Altrada als Referenz-Seite, um XML zu forcieren[82], deren Standardisierung Microsoft gerne vorantreiben würde.[83]

2.2 Web-Datenbankprogrammierung

Als Datenbindung in DHTML wird die Verbindung von Formularfeldern mit einer Datenbank bezeichnet, die den lesenden Zugriff auf den Datenbestand über eine Web-Seite ermöglicht und sich dabei der ActiveX-Steuerelemente bedient. Dazu gehören

---

[73] Extensible **M**arkup **L**anguage (XML) ist eine vom **W**orld **W**ide **W**eb **C**onsortium (W3C) verabschiedete, Plattform-unabhängige Beschreibungssprache.
Vgl.: World Wide Web Consortium: *http://www.w3c.org* · Stand: 03.02.2000
Vgl.: Developer Shed: *http://www.devshed.com/Client_Side/XML/Introduction* · Stand: 03.02.2000
[74] Vgl.: Menge R.: XML an allen Ecken; c't; 1999; Heft 8; S.34
[75] Vgl.: Zierl M.: HTML-Nachfolger; INTERNET-PROFESSIONAL; August 1999; S. 94ff
[76] Vgl.: Reinbold H.: Extensible Markup Language; it FOKUS 2·99; S.37
[77] Vgl.: Zierl M.: Flexibles Styling; INTERNET-PROFESSIONAL; August 1999; S. 80ff
[78] Vgl.: *http://www.alphaworks.ibm.com/formula/dynamicxmlforjava* · Stand: 03.02.2000
[79] Vgl.: Golem Network News: *http://www.gnn.de/0001/00012710-ji.html* · Stand: 03.02.2000
[80] Vgl.: World Wide Web Consortium: *http://www.w3.org/TR/2000/REC-xhtml1-20000126/* · Stand: 03.02.2000
[81] XML-gestützter SAP Business Connector.
Vgl.: SAP: *http://www.sap-ag.de/germany/press/pr_ber.asp?ID=252* · Stand: 03.02.2000
[82] Vgl.: ZDNet: *http://www.zdnet.de//internet/artikel/wdm/199906/xmlvormarsch-wc.html* · Stand: 03.02.2000

die **T**abular **D**ata **C**ontrols (TBC) und die **R**emote **D**ata **S**ervices (RDS), Elemente die „durch Trennzeichen abgegrenzte Daten"[84] in Textdateien lesen bzw. **O**pen **D**atabase **C**onnectivity (ODBC[85]) Datenquellen verarbeiten können. Sie gelten als Vorläufer der **A**ctive **S**erver **P**ages (ASP)[86].

2.2.1 **Datenverarbeitung auf dem Server**

Web-Dokumente nicht statisch vorzuhalten, sondern vom Web-Server bei Bedarf generieren zu lassen, ist keine neue Technik. Sie wird in der Regel dann verwendet, wenn vom Client Web-Seiten unter Angabe von Parametern nachgefragt werden. Das ist z.B. der Fall, wenn sich der Client dem Server gegenüber unter Angabe persönlicher Daten identifizieren soll, wie es z.B. auf den Seiten für kostenfreie Email-Accounts[87] der Fall ist. Dann werden die Inhalte der Felder aus einem Formular vom Browser in der Rückmeldung an den Server - durch Anhängen des Feldnamens und Feldinhalts - mitgeschickt.

Beispielsweise steht in folgender URL:

http://www.obi-wan.net/diplom2000/Vresume/iVRESUME2.ASP?UserID=938&code=Jeep-4Wheeling

das ‚.../iVRESUME.ASP' für das zu liefernde Web-Dokument, ‚?' für das Ende der URL und den Beginn der Parameterliste, ‚UserID' für das erste Feld, ‚=' als Trennzeichen bzw. Zuweisung, ‚938' als Wert des Feldes ‚UserID', ‚&' als Trennzeichen zum nächsten Parameterpaar usw.. Der Server interpretiert die Werte hinter der URL als Parameter und kann diese zur Verarbeitung weitergeben.

Common Gateway Interface (CGI)[88]

Das Common Gateway Interface (CGI)[89] ist die bekannteste Technik in diesem Bereich. Es erlaubt eine Spezifikation, wie Applikationen Daten mit dem Web-Server

---

[83] Vgl.: ZDNet: *http://www.zdnet.de//news/artikel/2000/01/13001-wc.html* · Stand: 03.02.2000
[84] Hillier S., Mezick D.: Active Server Pages – Programmierung; Microsoft Press; 1997; S.99
[85] Vgl.: Webopedia: *http://webopedia.internet.com/TERM/O/ODBC.html* · Stand: 03.02.2000
[86] Vgl.: Walther S.: Active Server Pages UNLEASHED; First Edition; 1998; S.426ff
[87] Beispiel für kostenlose Email: *http://www.Hotmail.com*
      Vgl. *http://www.Hotmail.com* · Stand: 06.02.2000
[88] Vgl.: Webopedia: *http://webopedia.internet.com/TERM/C/CGI.html* · Stand: 03.02.2000
[89] Vgl.: Ladd E., O'Donnell J.: Using HTML 3.2, Java 1.1, and CGI; Plantinum Edition; 1996; S.631ff

12

austauschen können (vgl. Abb. 2). Zu diesen Applikationen gehören alle ausführbaren Dateien: Perl-Skripte[90], Shell-Skripte und natürlich C-Programme, die am weitesten verbreitet sind. Gilt eine Anfrage wie in Abb. 3) einer CGI-Applikation, so übergibt der Web-Server die Parameter an eine ausführbare Datei und erwartet das Resultat in Form einer HTML-codierten Datei zurück. Inzwischen kann die aufgerufene Applikation auch noch andere Funktionen, wie z.B. den Versand einer Email durchführen. Sobald die Applikation beendet ist, liefert der Web-Server die HTML-Datei als Web-Dokument an den Client zurück, der damit eine individuelle Antwort auf seine Anfrage erhält.

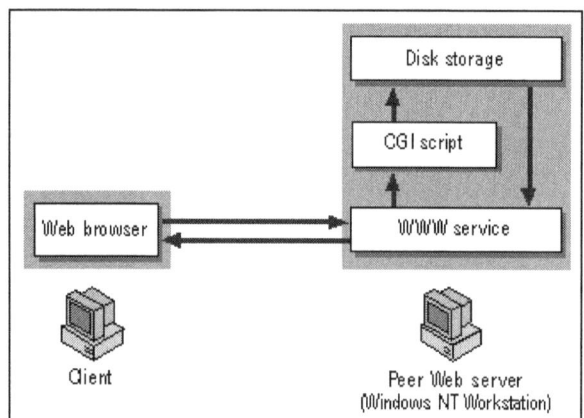 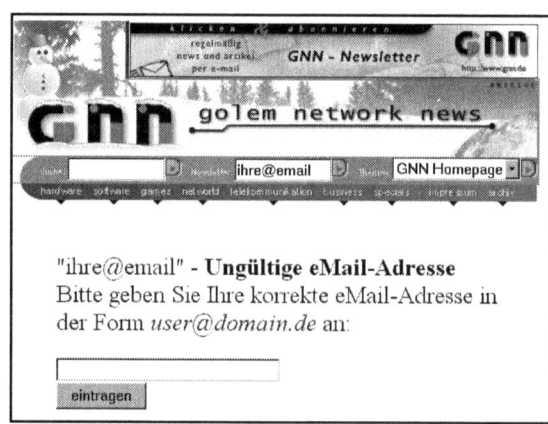

Abb. 2) Verarbeitung einer CGI-Anfrage[91]

Abb. 3) CGI-Beispiel

Der Golem Network Newsdienst verwendet CGI für das Abonnement der Newsletter. Die zu registrierende Email-Anschrift wird als Parameter an den Server übergeben, welcher die Applikation ‚subscribe' aufruft und ihr diese Parameter übergibt. Die Applikation speichert die Email-Anschrift, verschickt eine Bestätigung an den Abonnenten und generiert diese Web-Seite[92].
Vom Erscheinungsbild her läßt sich eine solche Seite nicht von einer statischen HTML-Seite unterscheiden. Nur die URL[93] gibt Aufschluß über die CGI-Herkunft.

Im übrigen besteht bei dieser Gelegenheit auch die Möglichkeit, den jeweils Plattform-spezifischen Code zu generieren: Die verschiedenen Web-Browser unterstützen un-

---

[90] Vgl.: Quigley E.: PERL by Example; 1995; S.1f
[91] Quelle: Microsoft: Microsoft Peer Web Server - Online Documentation; Chapter 8
[92] Vgl.: Golem Network News: *http://www.gnn.de/gnncgi/subscrib.exe* · Stand: 03.02.2000
[93] **U**niform **R**esource **L**ocator (URL), die Adress für Dokumente im WWW.
   Vgl.: Webopedia: *http://webopedia.internet.com/TERM/U/URL.html* · Stand: 03.02.2000

terschiedliche Funktionen bzw. haben unterschiedliche Funktionalität, so daß ein Web-Design unter Berücksichtigung dieser Inkompatibilitäten problematisch ist. Daher werden derartige Funktionen oft gemieden oder die HTML-Seiten per ‚Browser detection'[94] spezifisch beim Client angezeigt. Mit der Server-seitigen Generierung von HTML-Seiten, läßt sich die Browser-spezifische Erstellung auf den Server verlagern und damit der Code beschleunigen, weil weder die ‚Browser detection'-Funktion noch der dazu gehörige Alternative-Code übertragen werden müssen.

Der Nachteil von CGI besteht in der starken Ressourcenbelastung des Web-Servers, wenn dieser ständig Programme aufrufen muß, um CGI-Anfragen zu beantworten. Darüber hinaus sind die Aufrufe externer Programme mit Parameterübergabe sehr zeitintensiv. Nicht zuletzt deswegen sind Applikationen entwickelt worden, die auf dem Server ständig laufen und derartige Anfragen bearbeiten, ohne den Web-Server zu überlasten. Inzwischen haben sich einige solcher Sprachen bzw. Technologien etabliert. Dazu gehören Server-Side Languages wie die ‚Personal Home Pages', die ‚Active Server Pages' und die ‚Java Server Pages'.

Auch wenn die Möglichkeit, auf Benutzerangaben reagieren zu können, bereits einen großen Fortschritt darstellt, besteht die größte Herausforderung darin, mit dieser Technologie an die enormen Datenmengen heranzukommen, die in unzähligen Datenbanken vorgehalten werden. Es ist naheliegend, daß eine Applikation, die auf dem Server HTML-Dateien generiert, diese auch zusätzlich mit Daten aus einer Datenbank anreichern kann. Genau darin besteht die Dynamik und das Potential, das sich durch CGI bzw. durch Server-Side Languages ergibt.

Bevor diese Sprachen näher beschrieben werden, ist es notwendig, den Kern der Technologie zu erwähnen, der die Kommunikation zwischen Applikationen auf einem Web-Server und einer Datenbank ermöglicht:

---

[94] Überprüfung, welcher Browser vom Client verwendet wird.
Vgl.: Barrett D., Livingston D., Brown M.: JavaScript – for web professionals; New Jersey; 1999; S. 5ff

14

• *Open Database Connectivity (ODBC)*

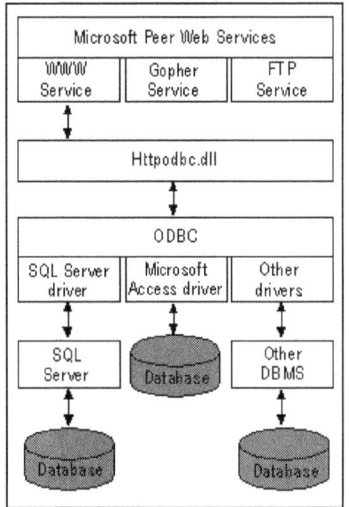

„ODBC ist eine Datenbank-unabhängige Technologie für den Datenzugriff"[95]. ODBC ist weder eine Beschreibungssprache noch Datenbankprotokoll, sondern vielmehr eine zusätzliche Schicht zwischen der Datenbankanwendung und dem jeweiligen proprietären Protokoll.[96] Sie fungiert als Schnittstelle (Abb. 4), die SQL[97]-Befehle in das jeweilige Format umwandelt, welches von der betroffenen Datenbank verarbeitet werden kann.

Abb. 4) ODBC Schnittstelle[98] zwischen Server und Datenbank

• *Java Database Connectivity (JDBC)*[99]

Eine Möglichkeit für den Datenbankzugriff ist die Verwendung der JDBC Schnittstelle, die ähnlich wie ODBC arbeitet. Sie wird mit dem Java Entwickler Kit V1.1 von Java-Soft mitgeliefert,[100] des Geschäftsbereiches von Sun Microsystems, der für die Java Technologie verantwortlich ist.[101] Die Vorteile von JDBC gegenüber ODBC sind die Plattform Unabhängigkeit von Java[102] und der damit verbundene geringe Aufwand bei der Installation, denn jeder Web-Server, der Java unterstützt, kann auch JDBC Befehle verarbeiten.[103] Auf einem solchen Web-Server können Java-Programme über das Java API[104,105] SQL-Abfragen ausführen und damit auf jede SQL-kompatible Datenbank zugreifen[106,107]. Weil nahezu alle **R**elationalen **D**atenbank-**M**anagement-

[95] Hillier S., Mezick D.: Active Server Pages – Programmierung; Microsoft Press; 1997; S.50
[96] Vgl.: Hermelink J., von Stein G.: Von SQL nach HTML; Gateway; November 1997; S.72
[97] **S**tructured **Q**uery **L**anguage (SQL) ist eine standardisierte Datenbankabfrage-Sprache.
   Vgl.: Webopedia: *http://webopedia.internet.com/TERM/S/SQL.html* · Stand: 03.02.2000
[98] Quelle: Microsoft: Microsoft Peer Web Server - Online Documentation; Chapter 8
[99] Vgl.: Webopedia: *http://webopedia.internet.com/TERM/J/JDBC.html* · Stand: 03.02.2000
[100] Vgl.: Manger R.: Unternehmensweiter Datenbankzugriff; it FOKUS 1·99; S.68ff
[101] Vgl.: Webopedia: *http://webopedia.internet.com/TERM/J/JavaSoft.html* · Stand: 03.02.2000
[102] Vgl.: Flanagan D.: Java in a nutshell; O'Reilly; 2nd Edition; 1997; S.3
[103] Vgl.: Hermelink J., von Stein G.: Von SQL nach HTML; Gateway; November 1997; S.73-76
[104] Ein **A**pplication **P**rogram **I**nterface (API) ist eine Sammlung von Funktionen zur Software Entwicklung.
   Vgl.: Webopedia: *http://webopedia.internet.com/TERM/A/API.html* · Stand: 03.02.2000
[105] Vgl.: Taylor A.: Beyond JDBC; Intelligent ENTERPRISE; 4/99; S.49
[106] Vgl.: Janning T., Jakfeld C., Schöneborn I.: Java erobert den Server; it FOKUS 1·99; S. 26

Systeme (RDBMS)[108,109] SQL unterstützen und wegen der Plattform-Unabhängigkeit von Java, ermöglicht JDBC die Entwicklung von Datenbankapplikationen, die auf unterschiedlichen Plattformen lauffähig sind und dort auf verschiedene RDBMSs zugreifen können.[110]

2.2.2 Server-Side Languages

Im Unterschied zu Client-Side Languages werden Server-Side Languages nicht erst vom Client interpretiert, sondern bereits vom Server. Genauer gesagt werden Web-Dokumente mittels Server-Side Languages auf dem Server generiert, bevor sie zum Client übertragen werden. Das besondere an der Methode ist, daß bei dieser Gelegenheit auch Inhalte aus einer Datenbank in das Web-Dokument eingebunden werden können. Letztlich beruht die gesamte Web-Datenbankprogrammierung auf dieser Methode.

- ### *Personal Home Page (PHP)*

Personal Home Pages (PHP)[111] ist eine Skript-Sprache, die aus dem Open Source[112] Bereich kommt und oft in Verbindung mit MySQL eingesetzt wird.[113] Sie ist inklusive Quellcode erhältlich und sehr beliebt, da sie kostenlos zur Verfügung steht. Die starke Verbreitung[114] innerhalb der letzten Jahre ist aber auch darauf zurückzuführen, daß PHP sowohl auf Windows-NT als auch auf UNIX-Plattformen läuft. In Abhängigkeit von Plattform und Betriebssystem kann PHP als Service, Interpreter, CGI-Applikation

---

[107] Vgl.: Simon M.; Datenbankbasierte Java-Anwendungen; it FOKUS 3·99; S.66ff
[108] **R**elational **D**atabase **M**anagement **S**ystem (RDMS) Datenbank-Management-Systeme, die Daten in miteinander verknüpften Tabellen speichern.
Vgl.: Webopedia: *http://webopedia.internet.com/TERM/R/RDBMS.html* · Stand: 03.02.2000
[109] Vgl.: Rumbaugh J. et al.: Object-Oriented Modeling and Design; New York; 1991; S.368
[110] Vgl.: Webopedia: *http://webopedia.internet.com/TERM/J/JDBC.html* · Stand: 03.02.2000
[111] Vgl.: o.V.: *http://www.php.net* · Stand: 03.02.2000
[112] Vgl.: o.V.: *http://www.opensource.org/* · Stand: 03.02.2000
[113] Beispiel: ‚Hello World' in PHP3:
Vgl.: o.V.: *http://www.php.net/tut.php3* · Stand: 03.02.2000
[114] Ca. 410.000 Hosts im März 1999.
Vgl. *http://hotwired.lycos.com/webmonkey/99/21/index2a.html* · Stand: 06.02.2000

oder, auf dem Apache Server, als Modul installiert werden[115], wobei es dann mit höchster Geschwindigkeit läuft.

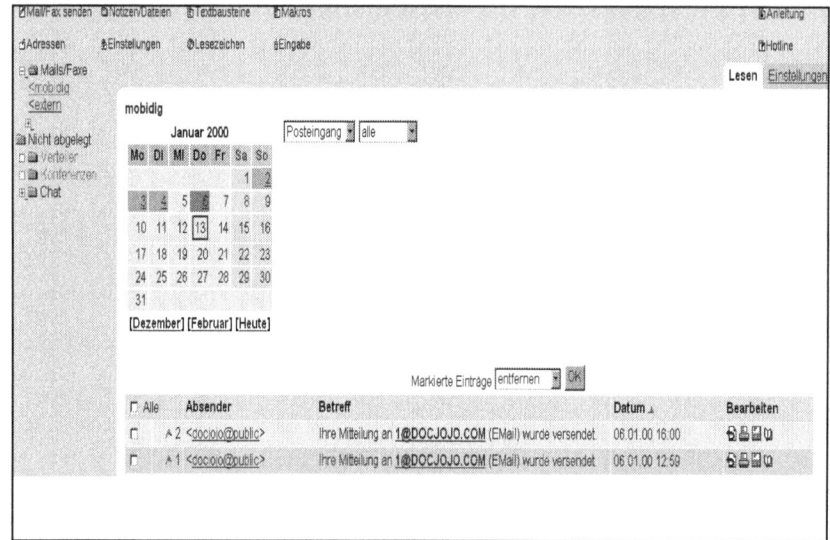

Beispiel: ‚mobidig'[116] bietet Web basierte Kommunikationsdienste wie Fax, email, SMS[117] und mobile Mailbox an, die von den registrierten Anwendern über eine Web-Site verwaltet werden (Abb. 5).

Abb. 5) PHP-Beispiel: Der User-Bereich von mobidig[118]

Alle von mobidig angebotenen Kommunikationsdienste werden über diese Web-Seite verwaltet. So lassen sich z.B. die Grundeinstellungen verändern - wie die Nachrichtenweiterleitung oder das An- und Abschalten bestimmter Dienste.
Im unteren Block sind eingehende Emails angezeigt, die sich direkt auf der Web Seite bearbeiten bzw. beantworten lassen.

Was die Datenbankverarbeitung angeht, unterstützt PHP „Informix, Oracle, Sybase, Solid und PostgreSQL"[119] sowie auch die ODBC-Schnittstelle. Darüber hinaus ist PHP Multi-Threading fähig, unterstützt die online PDF[120] Dokument-Erstellung und dynamische Bildgenerierung, um nur einige Features zu nennen.

---

[115] Vgl.: Lycos: *http://hotwired.lycos.com/webmonkey/99/21/index2a.html* · Stand: 03.02.2000
[116] Mobidig: *http://www.mobidig.net* · Stand: 03.02.2000
[117] **S**hort **M**essage **S**ervice (SMS): Ein Dienst zum Versand von Kurzmitteilungen per Mobil-Telefon.
[118] Mobidig: *http://www.mobidig.net/users/m.php* · Stand: 03.02.2000
[119] Lycos: *http://hotwired.lycos.com/webmonkey/99/21/index2a.html* · Stand: 03.02.2000
[120] **P**ortable **D**ocument **F**ormat (PDF), ein von Adobe Systems entwickeltes Format zum Dokumenten-austausch.
Vgl.: Webopedia: http://webopedia.internet.com/TERM/P/PDF.html · Stand: 03.02.2000

Die Verwaltung der Benutzerkonten wie auch der Emails und Faxe, die über mobidig verschickt oder empfangen werden, geschieht intern über eine Datenbank, auf die mit PHP zugegriffen wird.

- ### *Active Server Pages (ASP)*

Der von Microsoft angebotene Web-Server Internet Information Server (IIS)[121,122,123] bietet neben CGI eine zusätzliche Schnittstelle: Das Internet Server Application Pro-

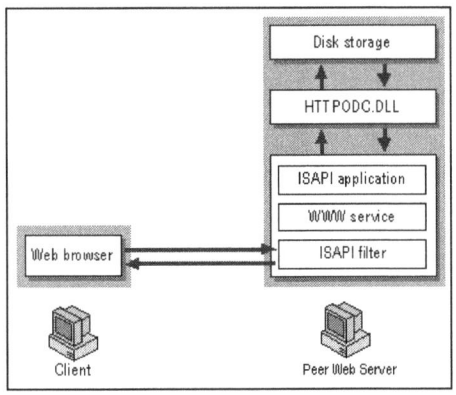

gramming Interface (ISAPI)[124], das als dynamische Laufzeitbibliothek konstruiert ist und im gleichen Bereich des Arbeitsspeichers des IIS abläuft. ISAPI (vgl. Abb. 6) Aufrufe sind mehr als 20mal schneller als vergleichbare CGI-Anwendungen. Active Server Pages (ASP) ist eine ISAPI Anwendung und insofern auf die Windows Plattform beschränkt.

Abb. 6) ISAPI Request[125]

ASP sind Text-Dateien, die sowohl HTML als auch Skript-Code enthalten. Als Skript-Sprache können VB-Script und JavaScript™[126] verwendet werden.

Durch die Parameter-Angabe ‚RUNAT=Server' im Skript-Tag werden Skript-Teile definiert, die auf dem Server ablaufen sollen und dabei, ähnlich wie mit CGI, spezifischen Code generieren. Zusätzlich kann der generierte Code andere Skripte beinhalten, die erst beim Client ausgeführt werden, denn die Dateien, die der IIS zurücklie-

---

[121] Der IIS existiert zur Zeit in den Varianten Internet Information Server (IIS) für Windows NT Server, Peer Web Server (PWS) für NT Workstation und Personal Web Server (PWS) für Windows 95/98. Sie unterscheiden sich in der Anzahl der unterstützten Verbindungen sowie beim Zugriff über IP Adressen und der Unterstützung Virtueller Server.

[122] Vgl. auch im folgenden: Hillier S., Mezick D.: Active Server Pages – Programmierung; Microsoft Press; 1997; S.33

[123] Vgl.: Ruley J.D., Methvin D., Henderson T., Heller M.: Networking Windows NT 4.0 Workstation and Server; 1997; S.325

[124] Vgl.: Weissinger A.K.: ASP in a nutshell; O'Reilly; Sebastopol; 1999; S.4,5

[125] Quelle: Microsoft: Microsoft Peer Web Server - Online Documentation; Chapter 8

[126] Java-Skript Referenz:
Vgl.: Livingston D., Brown M.: CSS & DHTML for Web Professionals; 1999; S.137ff

fert, sind reine HTML-Dokumente. Was die Integration von Daten aus einer verbundenen Datenbank angeht, kann ASP über die ODBC-Schnittstelle SQL-Abfragen ausführen und die Ergebnisse z.B. in Form einer Tabelle in ein HTML-Dokument einbinden.[127] Zu den am häufigsten verwendeten Datenbanksystemen gehören hier Microsoft Access (MS-Access) und Microsoft SQL-Server, was wegen der Herkunft des Web-Servers naheliegend ist. Dazu liefert Microsoft noch das Entwicklungswerkzeug Visual-InterDev[128] und den WYSIWYG[129]-HTML-Editor Frontpage[130,131]. Beide eignen sich, um komplette Web-Projekte zu bearbeiten; vor allem wegen der Integration der Datenbankfunktionen, mit der sich auch SQL-Abfragen formulieren bzw. MS-Access Dateien bearbeiten lassen. Beim Einsatz von ActiveX-Komponenten generiert Visual-InterDev darüber hinaus den HMTL Code selbständig.[132]

Ein Mißverständnis besteht darin, FrontPage oder Visual-InterDev als Programmiersprache anzusehen[133]; diese sind lediglich Entwicklungswerkzeuge, die den Softwareentwickler bei der Arbeit mit HTML und ASP unterstützen.

---

[127] Vgl. auch: Spencer K.: *http://www.reallybig.com/kevin/980724/kevin724.htm* · Stand: 03.02.2000
[128] Vgl.: Baumeister J.: Applikationsentwicklung für das Web; it FOKUS 9·99; S.77ff
[129] 'What you see is what you get' (WYSIWYG) – Bezeichnung für einen Text-Editor, der Text 1:1 so darstellt wie er gedruckt wird.
   Vgl.: Webopedia: *http://webopedia.internet.com/TERM/W/WYSIWYG.html* · Stand: 02.02.2000
[130] Vgl.: Ladd E., O'Donnell J.: Using HTML 3.2, Java 1.1, and CGI; Plantinum Edition; 1996; S.336
[131] Vgl.: Microsoft: *http://www.microsoft.com/frontpage* · Stand: 03.02.2000
[132] Vgl.: Hillier S., Mezick D.: Active Server Pages – Programmierung; Microsoft Press; 1997; S.117ff
[133] Vgl.: Goldmann S.: Datenbankanbindung mit FrontPage 2000; INTERNET-PROFESSIONAL; August 1999; S. 83ff

Beispiel: Naheliegend für den Hersteller verwendet Microsoft ASP zur Verwaltung der umfangreichen Knowledge-Base, dem Online Technical Support Bereich[134]:

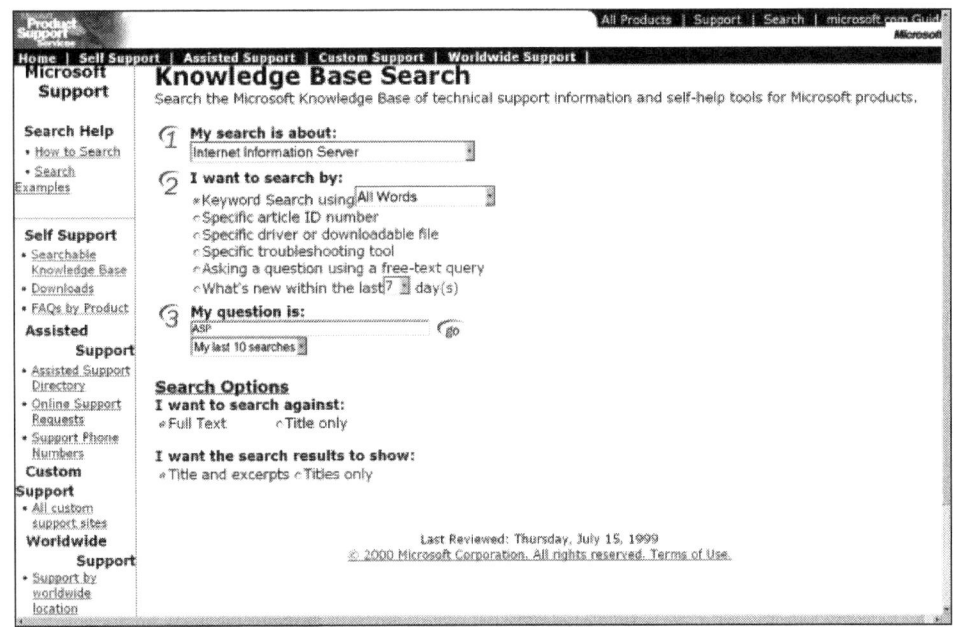

Abb. 7) ASP-Beispiel: Microsoft Knowledge-Base: Anfrage zum Stichwort ‚ASP'

Die Anfrage an die Knowledge-Base entspricht - in diesem Beispiel - einer Volltextsuche nach Schlüsselwörtern über den gesamten Bestand an Beiträgen in der Datenbank.

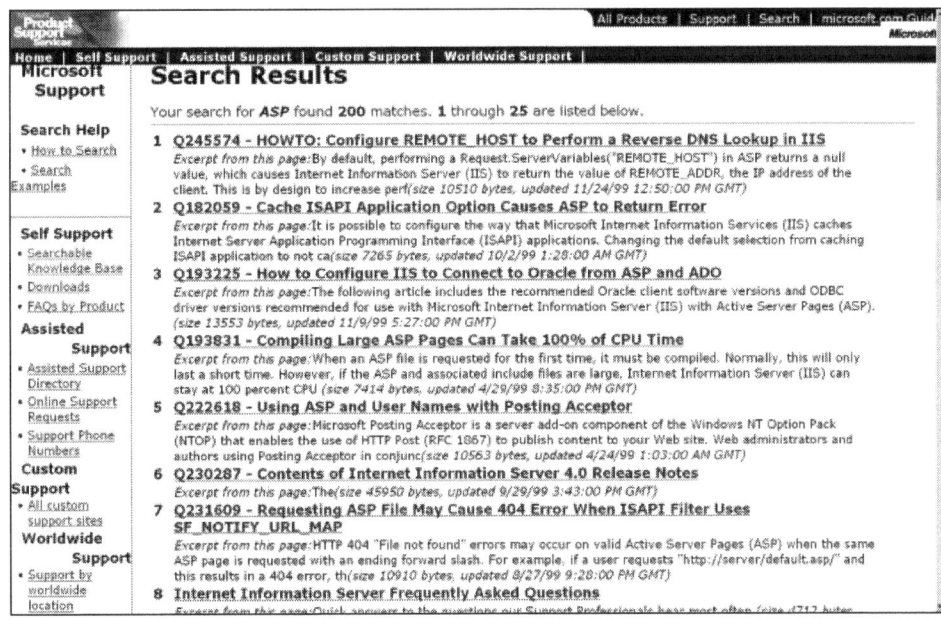

Abb. 8) ASP-Beispiel: Die ersten 8 von 200 Treffern der Abfrage

---

[134] Vgl.: Microsoft: *http://search.support.microsoft.com/kb/c.asp?FR=0&SA=GN&LNG=ENG* · Stand: 03.02.2000

• *JavaServer Pages™ (JSP)*

Java **S**erver **P**ages™ (JSP)[135] sind das Pendant zu ASP. Sogar die Syntax zur Markierung einer Befehlszeile - Script-Code beginnt immer mit ‚<%' und endet mit ‚%>' - ist identisch. Ähnlich ist auch der entscheidende Vorteil, nämlich der Performancegewinn gegenüber der Verwendung von CGI. Der größte Unterschied zwischen JSP und ASP ist dagegen die Sprache: Java™.

JSP sind eine Erweiterung der Java™ Servlet API[136]. Java™ Servlets[137] kann man sich wie Java™ Applets vorstellen, die ständig auf dem Web-Server laufen und Anfragen unmittelbar beantworten können. Natürlich können sie auf die ganze Familie der Java™ APIs sowie über die JDBC-Schnittstelle auf Datenbanken zugreifen und sind darüber hinaus Plattform-unabhängig. Sie profitieren von dem in der Java Virtual Machine eingebauten „Sicherheitskonzept"[138] und dem guten Exeption handling[139]. Damit haben die JSP gegenüber ASP einen großen Vorteil, da ASP auf den IIS angewiesen sind. JSP dagegen sind auf andere Plattformen wie den Apache Web-Server[140,141] oder den Netscape Enterprise Server[142] portierbar[143] und somit wiederverwendbar („Write Once, Run Anywhere™")[144].

Ein zusätzlicher Geschwindigkeitsvorteil[145,146] von JSP ergibt sich daraus, daß Servlets[147] Funktionen[148] als Bibliothek vorhalten können, die von mehreren JSP-Seiten

---

[135] Vgl.: Sun: *http://java.sun.com/products/jsp/* · Stand: 03.02.2000
[136] Vgl.: Sun: *http://jserv.java.sun.com/products/java-server/servlets/index.html* · Stand: 03.02.2000
[137] Vgl.: Sun: *http://java.sun.com/products/servlet/index.html* · Stand: 03.02.2000
[138] Plachy J., Schmidt J.: Dynamischer Service; c't 2000; Heft 2; S.198
[139] Exception handling ist das programmgesteuerte Reagieren auf Fehlermeldungen des Betriebssystem, die während der Laufzeit eines Programms auftreten.
Vgl.: Flanagan D.: Java in a nutshell; O'Reilly; 2nd Edition; 1997, S.6
[140] Vgl.: Apache: *http://www.apache.org/httpd.html* · Stand: 03.02.2000
[141] Vgl.: Apache: *http://java.apache.org/jserv/* · Stand: 03.02.2000
[142] Vgl.: Netscape: *http://home.netscape.com/servers/* · Stand: 03.02.2000
[143] Dazu muß auf dem Server die Servlet-Erweiterung installiert werden. Sie ist im Sun, Java Servlet Development Kit (JSDK) enthalten.
aus: Plachy J., Schmidt J.: Dynamischer Service; c't 2000; Heft 2; S.199
[144] Sun: *http://java.sun.com/products/jsp/* · Stand: 03.02.2000
[145] Vgl. Sun: *http://java.sun.com/products/jsp/docs.html* · Stand: 03.02.2000
[146] Beispiel für die Verwendung von Servlets.
Vgl.: Iomega: *http://www.iomega.com/software/index.html* · Stand: 03.02.2000
[147] Vgl.: Plachy J., Schmidt J.: Dynamischer Service; c't 2000; Heft 2; S.198ff
[148] Siehe dazu auch Java Beans:
Vgl.: Sun: *http://java.sun.com/beans/* · Stand: 03.02.2000

benutzt werden und normalerweise - wie es bei ASP nötig ist - in den JSP-Seiten stehen müssten (vgl. Abb. 9). Zwar kann man solche Funktionen auch als Include-Dateien einbinden, aber Servlets sind im Gegensatz zu JSP und ASP bereits compiliert[149], während die Script Zeilen aus JSP- oder ASP-Seiten bei jedem Aufruf neu interpretiert werden müssen.

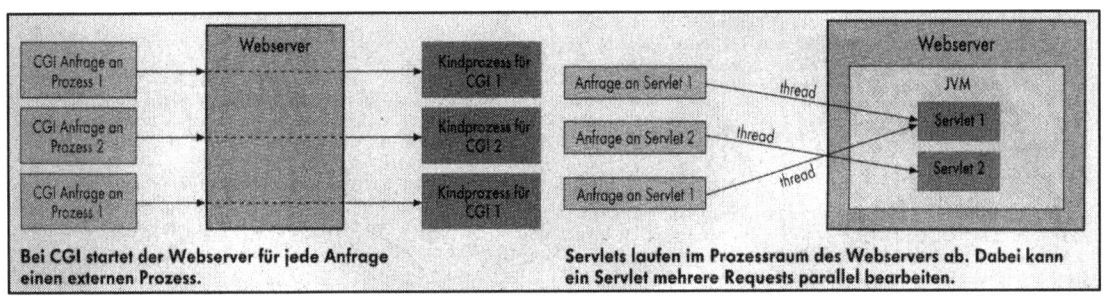

Abb. 9) Servlets im Vergleich zu CGI[150]

2.3 **Das Konzept des Internet Information Servers (IIS)**

Server-Side Skript-Sprachen und Datenbankunterstützung stellen einen hohen Anspruch an Web-Server. Die Hersteller von Server Software treten dieser Herausforderung mit einer Vielzahl von Features entgegen. Ein Beispiel für einen gut ausgestatteten Web-Server ist der Microsoft Internet Information Server, der für ASP optimiert wurde. Seine Vorzüge sollen hier exemplarisch für die genannten Skript-Sprachen dargestellt werden, um die Anforderungen an derartige Software zu verdeutlichen.

2.3.1 **Objekte und Komponenten**

Begrenzungen im Sprachumfang der Skript-Sprachen lassen sich auf dem IIS durch das Konzept der ISAPI Applikationen kompensieren. Funktionalität, die Skript Sprachen nicht bieten können, wird von ActiveX-Elementen, den ASP-Objekten, oder von Komponenten, den **D**ynamic **L**ink **L**ibraries (DLLs)[151] geliefert. Das betrifft vor allem

---

[149] „Durch den Einsatz von Just in Time Compilern (JIT) erreicht Java-Code eine Ausführungsgeschwindigkeit, die bereits in die Nähe von nativen C++-Programmen kommt".
Plachy J., Schmidt J.: Dynamischer Service; c't 2000; Heft 2; S.198
[150] Quelle: Plachy J., Schmidt J.: Dynamischer Service; c't 2000; Heft 2; S.199
[151] **D**ynamic **L**ink **L**ibraries (DLL) sind Bibliotheken von Daten und Funktionen, auf die Windows Applikationen zugreifen können.
Vgl.: Webopedia: *http://webopedia.internet.com/TERM/D/DLL.html* · Stand: 03.02.2000

die Datenbankzugriffe: Mit der Datenbankzugriffskomponente ADO[152] ist es möglich, „Datenbanken im Web zu veröffentlichen und aus ODBC-Datenquellen zu lesen"[153].

Objekte und Komponenten[154] unterscheiden sich in ihrer Packart, wobei Objekte immer zur Verfügung stehen, während DLLs erst geladen werden müssen. Die folgende Tabelle ist eine Übersicht der integrierten Objekte, die bei der ASP Programmierung häufig verwendet werden:[155]

Objekt	Benutzer	Funktion
Application	Client	Erzeugung/Verwaltung von Anwendungsvariablen
Session[156]	Client	Erzeugung/Verwaltung von Benutzervariablen
Request[157]	Server	Behandlung von Formularergebnissen
Response[158]	Server	Verwaltung von Inhalten/Variablen
Server[159]	Server	Verwaltung von ActiveX-Komponenten

Tabelle 1) Übersicht integrierter ASP Objekte[160]

2.3.2 Skalierung

Web-Server werden täglich mit einer enormen Anzahl von Anfragen konfrontiert, die sie bewältigen müssen. Dabei belastet jede Anfrage die Systemressourcen, so daß im schlimmsten Fall der Server überlastet wird und abstürzt. Solange ein Web-Server nur statische HTML-Seiten liefert, kann man dieses Problem in der Regel mit Investi-

---

[152] **A**ctive **D**ata **O**bjects (ADO) Microsoft Schnittstelle für den Zugriff auf Daten Objekte, die über DAO und RDO hinausgeht und auf alle Arten von Daten, unabhängig von ihrer Struktur, zugreifen soll. Vgl.: Webopedia: *http://webopedia.internet.com/TERM/A/ADO.html* · Stand: 03.02.2000
[153] Hillier S., Mezick D.: Active Server Pages – Programmierung; Microsoft Press; 1997; S.131
[154] ASP Component Catalog: Vgl.: Microsoft: *http://msdn.microsoft.com/workshop/server/components/catalog.asp* · Stand: 03.02.2000
[155] Vgl.: Henning B.: *http://www.heise.de/ix/artikel/1997/07/162/artikel.html* · Stand: 03.02.2000
[156] Vgl.: Weissinger A.K.: ASP in a nutshell; O'Reilly; Sebastopol; 1999; S.122ff
[157] Vgl.: Weissinger A.K.: ASP in a nutshell; O'Reilly; Sebastopol; 1999; S.48ff
[158] Vgl.: Weissinger A.K.: ASP in a nutshell; O'Reilly; Sebastopol; 1999; S.85ff
[159] Vgl.: Weissinger A.K.: ASP in a nutshell; O'Reilly; Sebastopol; 1999; S.114ff
[160] Quelle: eigene Tabelle. Vgl.: Walther S. et al.: Active Server Pages 2.0 – UNLEASHED; 1999; S.767ff

tionen in die Hardware (mehr Haupt- und Plattenspeicher etc.) lösen. Liefert der Web-Server dagegen dynamische Seiten oder unterstützt er sogar Datenbankzugriffe, so reicht die Aufrüstung der Hardware nicht aus. Wenn Tausende Benutzer gleichzeitig und individuell auf dieselbe Datenbank zugreifen, verschiebt sich das Ressourcen-problem von den ursprünglichen Diensten des Web-Servers auf die Datenbankbear-beitung. Diese Problematik wurde bei der Entwicklung von ASP berücksichtigt. „ASP beinhaltet Skalierungsfunktionen"[161], die über den **M**icrosoft **T**ransaktion **S**erver (MTS)[162,163] zur Verfügung gestellt werden. „Der MTS faßt insbesondere Threads, Objekte und ODBC-Verknüpfungen zusammen"[164].

• *Threads*

Ein Thread[165] steht für eine zeitliche Bindung zwischen Server und Client. Nachrich-ten oder Anfragen des Clients werden vom Server als Event[166] registriert, den er zu behandeln hat. Mit einem Thread geht immer eine Ressourcenbindung einher, die im schlimmsten Fall so lange besteht, bis die Sitzung zwischen Client und Server been-det ist, wie dies z.B. bei einfach programmierter Chat[167] Software der Fall ist. Erst mit Beendigung einer solchen Sitzung werden die an den Thread gebundenen Ressour-cen wieder freigegeben. Der IIS unterstützt Multi-Threading, womit sich eine Vielzahl solcher Verbindungen aufrecht erhalten läßt, ohne den Server zu überlasten. Bei der Arbeit mit ASP wird diese Möglichkeit vor allem dann genutzt, wenn ASP-Objekte eingesetzt werden.[168]

---

[161] Hillier S., Mezick D.: Active Server Pages – Programmierung; Microsoft Press; 1997; S.247
[162] Vgl.: Weissinger A.K.: ASP in a nutshell; O'Reilly; Sebastopol; 1999; S.41
[163] Vgl.: Walther S. et al.: Active Server Pages 2.0 – UNLEASHED; 1999; S.515ff
[164] Hillier S., Mezick D.: Active Server Pages – Programmierung; Microsoft Press; 1997; S.246
[165] Vgl.: Webopedia: *http://webopedia.internet.com/TERM/t/thread.html* · Stand: 03.02.2000
[166] Ein Ereignis, welches bei Ereignis-gesteuerten Programmen eine Aktion anstößt.
   Vgl.: Webopedia: *http://webopedia.internet.com/TERM/e/event.html* · Stand: 03.02.2000
[167] Vgl.: Webopedia: *http://webopedia.internet.com/TERM/c/chat.html* · Stand: 03.02.2000
[168] Vgl.: Walther S.: Active Server Pages UNLEASHED; First Edition; 1998; S.716f

- *Objektinstanzen*

Beim Einsatz von Objektinstanzen für einen Client ergibt sich ein vergleichbares Ressourcenproblem hinsichtlich der 1:1 Beziehungen zwischen Client und Server.[169] Objektinstanzen werden vor allem bei Verwendung von COM-Objekten eingesetzt. Microsoft **C**omponent **O**bject **M**odel (COM) „ist eine Spezifikation, die festlegt, wie Objekte miteinander kommunizieren, um Serviceangebote gemeinsam zu nutzen".[170,171] Dazu gehören insbesondere die Module aus Microsoft-Office Anwendungen wie PowerPoint, Word und Access. Der hohe Ressourcenaufwand, der sich bei der Benutzung dieser Objekte ergibt, wird vom MTS durch deren Zusammenfassung in einen Komplex von Objektinstanzen reduziert, auf die alle Clients gemeinsam zugreifen können.

- *ODBC-Verbindungen*

Wie bereits erwähnt, übernehmen ODBC-Verbindungen die Hauptrolle bei der Arbeit mit Web-Datenbanken. Es ist naheliegend, daß diese die Performance des Servers stark beeinträchtigen, wenn der Server jedem Client eine eigene Verbindung zu einer Datenbank gewähren muß. Auch in dieser Hinsicht ist der MTS optimiert und faßt solche Verbindungen automatisch zusammen.

2.3.3 Zustandsinformationen

Eine große Schwierigkeit bei der Entwicklung interaktiver Web-Seiten ist die Tatsache, daß das **H**ypertext **T**ransfer **P**rotocol (HTTP)[172,173] ein statusloses Webprotokoll[174] ist. Das heißt, daß der Server jede Anfrage eines Clients völlig neutral behandelt. Er hat keinerlei Kenntnis darüber, daß es sich eventuell um einen Client handelt, der eine Folgeseite abfragt. Speziell bei E-Commerce-Seiten in geschlossenen Nut-

---

[169] Vgl.: Baumeister J.: Komponentenverbund für das Web; it FOKUS 1·99; S.65
[170] Hillier S., Mezick D.: Active Server Pages – Programmierung; Microsoft Press; 1997; S.59
[171] Vgl.: Walther S. et al.: Active Server Pages 2.0 – UNLEASHED; 1999; S.498
[172] **H**ypertext **T**ransfer **P**rotocol (HTTP) Protokoll auf dem das WWW basiert.
    Vgl.: Webopedia: *http://webopedia.internet.com/TERM/H/HTTP.html* · Stand: 02.02.2000
[173] Vgl.: Weissinger A.K.: ASP in a nutshell; O'Reilly; Sebastopol; 1999; S.48ff
[174] Vgl.: Schlöter M.: Königswege zum aktiven Server; web-master; Juli/Aug. 1998; S.39

zerbereichen wäre eine Weiterführung der Benutzeridentität aber äußerst hilfreich. Damit könnte sich ein Client einmalig identifizieren und seine Identität für die Dauer einer Session beibehalten, ohne sich bei jeder weiteren Anfrage erneut legitimieren zu müssen. Natürlich gibt es Möglichkeiten, die Weiterführung zu ,emulieren', indem z.B. Cookies für die Speicherung von Benutzerdaten eingesetzt werden. Außerdem kann man auch mit Hilfe von Frames[175] eine Navigation-Bar[176] verwenden, die beim Aufruf neuer Fenster die Benutzerdaten weiterreicht, aber diese Lösungen sind weder elegant noch wartungsarm. ASP löst dieses Problem durch Bereitstellung des Session-Objekts, mit dem sich Benutzer-spezifische Informationen als Sitzungsvariablen[177] verwalten lassen. Damit läßt sich im übrigen auch eine Benutzerverwaltung realisieren, die von der aufwendigen Verwaltung der Windows-NT Benutzer Konten[178] befreit.

In der Praxis erfolgt die Authentisierung des Benutzers dann über eine Datenbank, in der die Benutzer registriert sind.[179] Bei korrekter Anmeldung werden entsprechende Session-Variablen belegt, die wiederum von den nächsten ASP-Seiten abgefragt werden. Sind die Variablen nicht gesetzt, verweigert die ASP-Seite die Anzeige von Details und weist den Benutzer zurück. Der große Vorteil dieser Methode ist, daß die Zugriffinformationen nicht mehr beim URL-Request als Parameter mitgeliefert werden müssen, wie es bei den anderen Lösungen der Fall ist. ASP bietet also die Möglichkeit, solche kritischen Informationen über Session-Variablen ausschließlich auf dem Server zu verwenden und vor dem Client zu verbergen.

---

[175] Vgl. bezüglich Definition von Frames:
   Kübler M.: Web Design; dpunkt.verlag; Heidelberg; 1999; S. 113 ff
[176] Eine Navigation-Bar ist eine Steuerleiste in Frame-basierten Web-Dokumenten, über die sich der Inhalt der Frames steuern läßt und so ein Navigieren durch die Web-Site ermöglicht wird.
[177] Sitzungsvariablen haben standardmäßig eine Verfallszeit von 20 Minuten nach dem letzten Zugriff.
[178] Soll der Zugriff auf bestimmte Bereiche einer Webseite beschränkt werden, müssen beim IIS für eine bestimmte Benutzergruppe auf Verzeichnisebene entsprechende Rechte eingerichtet werden. Dies geschieht mit dem Windows-NT Benutzer-Konten Manager.
[179] Vgl.: Schlöter M.: Aktive Mini-Toolbox; web-master; September 1998; S.20

3. Theorie II - Datenbanksysteme

Web-Seiten mit Datenbankanbindung sind inzwischen sehr stark verbreitet: Von Software-Biliotheken[180], über Support- oder Treiber-Seiten[181], Nachrichten-Archiven[182,183] und Wissensdatenbanken[184] bis zu E-Commerce-Sites wie denen von Amazon[185] und Cisco Systems[186], deren Online Bestell-Bereich 'MarketPlace' mit CGI/Perl[187] programmiert wurde.

Große und kommerzielle Web-Seiten könnten ihre Dienste ohne Datenbanken nicht anbieten. Daher sollen im folgenden einige Grundlagen zu Datenbanken erklärt und die im Zusammenhang mit der Web-Programmierung relevanten Elemente beschrieben werden. Das sind im einzelnen die konzeptionelle Ebene mit den wichtigsten Modellen, die syntaktische Ebene der Sprachen und die Ebene der Implementierung.

3.1 Datenmodelle

„Ein Datenbankmodell ist ein System von Konzepten zur Beschreibung von Daten-banken. Es legt somit Syntax und Semantik von Datenbankbeschreibungen für ein **Datenbanksystem (DBS)** fest, den sogenannten Datenbankschemata." Eine Daten-bank ist in diesem Sinne „eine Ausprägung einer Datenbankbeschreibung"[188]. Zur Verwaltung einer Datenbank werden Software-Module benötigt, die in ihrer Summe das **Datenbank-Management-System (DBMS)**[189,190] ausmachen. Hierarchisch gese-

---

[180] Z.B.: CNET: *http://shareware.cnet.com/ und http://www.download.com* · Stand: 03.02.2000

[181] Z.B.: Hewlett-Packard: *http://www.hp.com/cposupport/eschome.html* · Stand: 03.02.2000

[182] Z.B.: ZDNet: *http://www.zdnet.de//archiv/7d-wc.html* · Stand: 03.02.2000

[183] Z.B.: c't: *http://www.ct.heise.de/newsticker/archiv/1999.shtml* · Stand: 03.02.2000

[184] Z.B.: Microsoft: *http://search.support.microsoft.com/kb/c.asp?FR=0&SA=GN&LNG=ENG* · Stand: 03.02.2000

[185] Vgl.: Amazon: *http://www.amazon.com* · Stand: 03.02.2000

[186] Vgl.: Cisco: *http://www.cisco.com* · Stand: 03.02.2000

[187] Perl ist eine beliebte, aus dem UNIX Bereich kommende Programmiersprache zur Manipulation von Textdateien, die sich besonders zur automatischen Generierung von HTML-Dateien eignet und deswegen häufig mit CGI verwendet wird.
Vgl.: Wall L., Schwartz R.L.: Programming perl; O'Reilly; 1991; S. xi

[188] Heuer A., Saake G.: Datenbanken, Konzepte und Sprachen; 1997; S.49

[189] Vgl.: Webopedia: *http://webopedia.internet.com/TERM/d/database_management_system_DBMS.html* · Stand: 03.02.2000

[190] Vgl.: Rumbaugh J. et al.: Object-Oriented Modeling and Design; New York; 1991; S.366

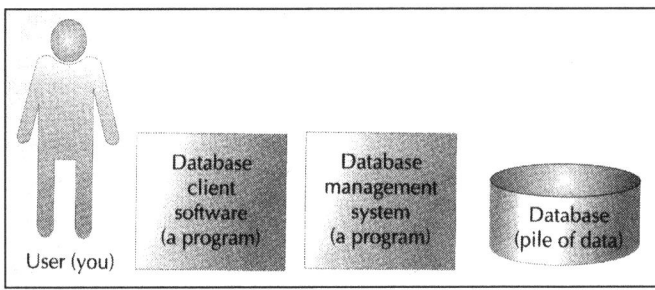

Abb. 10) Das DBMS als Schnittstelle zwischen Benutzer und Datenbank.

hen ist eine Datenbank ein strukturierter, von einem DBMS verwalteter Datenbestand. Das DBMS ist die entsprechende Software und das DBS die Summe aus beiden.

Die Anfragen, die der Benutzer über eine Client Applikation, z.B. als SQL-Befehl, an das DBMS schickt, wird dort interpretiert[191] und ausgeführt. Nach der Ausführung wird das Ergebnis der Datenbankabfrage vom DBMS an die Client Applikation zurückgeschickt und dem Benutzer angezeigt.[192]

Datenmodelle[193] „dienen in der Informatik zur Erfassung und Darstellung der Informationsstruktur einer Anwendung"[194]. Die Modellierung dieser Informationsstruktur ist das konzeptionelle Schema, wozu die statischen Eigenschaften (Objekte, Datentypen und Beziehungen), die dynamischen Eigenschaften (Operationen) und die Integritätsbedingungen gehören.[195]

Die bekanntesten Modelle und die dazugehörigen Datendefinitionssprachen[196] zur Umsetzung in ein DBS sind das

- **Entity-Relationship-M**odell (ERM)[197] (SQL-DLL)

- Relationenmodell[198] (SQL-DLL)

- Netzwerkmodell[199,200] (CODASYL-DLL[201])

---

[191] Vgl.: Vossen G.: Datenmodelle, Datenbanksprachen und Datenbank-Management-Systeme; 2. Auflage; Addison-Wesley; 1994; S.31-33

[192] Cox T.B.: ORACLE Workgroup Server Handbook; Oracle Press; Berkeley; 1995, S.5

[193] Vgl.: Vossen G.: Datenmodelle, Datenbanksprachen und Datenbank-Management-Systeme; 2. Auflage; Addison-Wesley; 1994; S.21

[194] Heuer A., Saake G.: Datenbanken, Konzepte und Sprachen; 1997; S.47

[195] Vgl.: Heuer A., Saake G.: Datenbanken, Konzepte und Sprachen; 1997; S.9

[196] **D**ata **D**efinition **L**anguages (DDLs).
Heuer A., Saake G.: Datenbanken, Konzepte und Sprachen; 1997; S.168

[197] Vgl.: Vossen G.: Datenmodelle, Datenbanksprachen und Datenbank-Management-Systeme; 2. Auflage; Addison-Wesley; 1994; Kapitel 5; S.53ff

[198] Vgl.: Vossen G.: Datenmodelle, Datenbanksprachen und Datenbank-Management-Systeme; 2. Auflage; Addison-Wesley; 1994; Kapitel 7; S.123ff

[199] Vereinfachtes ER-Modell.

28

- Hierarchische Modell[202] (IMS-DLL)

- Sematische Modell[203,204]

- Objektorientierte Modell[205] (ODL[206])

Für das letzte Kapitel relevant sind davon das Entity-Relationship-Modell, das Relationenmodell und das objektorientierte Modell, die im folgenden skizziert werden.

3.1.1 Entity-Relationship-Modell

Das Entity-Relationship-Modell „basiert auf den drei Grundkonzepten Entity als zu modellierende Informationseinheit,[207] Relationship zur Modellierung von Beziehungen" und „Attribut als Eigenschaft von einem Entity oder einer Beziehung".[208] Es eignet sich vor allem für die Entwurfsphase bei der Datenbankentwicklung, weil sich Objekte und Beziehungen in diesem Modell gut visualisieren lassen. Ein Entity entspricht einem Objekt der realen oder der Vorstellungswelt, welches zu modellieren ist, z.B.

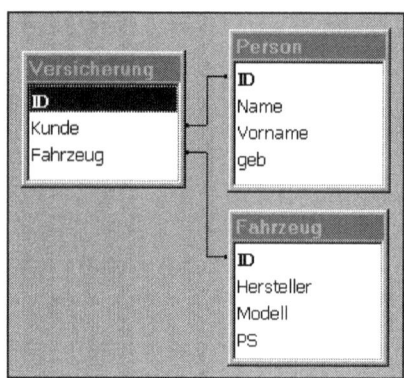

eine reale ‚Person', ein ‚Fahrzeug' und eine ‚Versicherung'. Ein Attribut beschreibt eine Eigenschaft eines Entities, wobei ein Entity normalerweise mehrere Attribute besitzt. Das Entity ‚Person' könnte z.B. die Attribute ‚Name', ‚Vorname' und ‚Geburtsdatum' besitzen (Abb. 11).

Abb. 11) Beispiel eines Entity-Relationship-Diagramms[209].

---

[200] Vgl.: Vossen G.: Datenmodelle, Datenbanksprachen und Datenbank-Management-Systeme; 2. Auflage; Addison-Wesley; 1994; Kapitel 6; S.83ff
[201] **Co**nference on **Da**ta **Sy**stems and Languages (CODASYL).
[202] Vgl.: Vossen G.: Datenmodelle, Datenbanksprachen und Datenbank-Management-Systeme; 2. Auflage; Addison-Wesley; 1994; Kapitel 6; S.83ff
[203] Vgl.: Heuer A.: Objektorientierte Datenbanken, Konzepte, Modelle, Systeme; Addison-Wesley; 1992; Kapitel 3; S. 147ff
[204] Vgl.: Vossen G.: Datenmodelle, Datenbanksprachen und Datenbank-Management-Systeme; 2. Auflage; Addison-Wesley; 1994; Kapitel 14; S.318ff
[205] Vgl.: Heuer A.: Objektorientierte Datenbanken, Konzepte, Modelle, Systeme; Addison-Wesley; 1992; Kapitel 7; S. 401ff
[206] **O**bject **D**efinition **L**anguage (ODL).
[207] ‚Objekte' im umgangssprachlichen Sinne.
[208] Heuer A., Saake G.: Datenbanken, Konzepte und Sprachen; 1997; S.55
[209] Quelle: Eigene Abbildung in Anlehnung an das Beispiel

Die Relation, also Beziehung, zwischen Entities kann z.B. derart sein, daß eine ‚Person' kein (0), ein (1), oder mehrere (n) ‚Fahrzeuge' besitzt. Die Art der Beziehung (0,1,n) bezeichnet man als Kardinalität, die sich in der Notation niederschlägt, aber hier nicht näher erläutert wird.

3.1.2 Relationenmodell

Das Relationenmodell geht auf E.F. Codd zurück und hat „sich seit Mitte der 80er Jahre"[210] zum De-facto-Standard bei kommerziellen DBMSs entwickelt. Es „besteht aus einem Strukturteil und einem Operationsteil."[211]

Im Strukturteil „werden Objekttypen der zu modellierenden Anwendungswelt durch Relationenschemata beschrieben. Diese bestehen aus einer Menge von Attributen, die die gemeinsamen Eigenschaften der Objekte repräsentieren, die zu einem darstellbaren Objekttyp gehören"[212]. Eine Relation im Relationenschema „kann anschaulich als Tabelle verstanden werden"[213], ist aber nicht mit einem Entity zu verwechseln, denn im Relationenschema ist sie das kartesische Produkt über die Wertebereiche der Attribute. Trotzdem lassen sich Entity-Relationship-Diagramme in das Relationenmodell überführen, indem man Entity- und Relationship-Typen in ein Relationschema transformiert.[214]

Im Operationsteil sind generische Operationen definiert, mit denen sich Datenbanken definieren, manipulieren und abfragen lassen. Auf diese Operationen wird im Zusammenhang mit SQL noch näher eingegangen.

---

[210] Vossen G.: Datenmodelle, Datenbanksprachen und Datenbank-Management-Systeme; 2. Auflage; Addison-Wesley; 1994; Kapitel 14; S.123

[211] Heuer A.: Objektorientierte Datenbanken, Konzepte, Modelle, Systeme; Addison-Wesley; 1992; S. 58

[212] Heuer A., Saake G.: Datenbanken, Konzepte und Sprachen; 1997; S.94

[213] Heuer A., Saake G.: Datenbanken, Konzepte und Sprachen; 1997; S.94

[214] Vgl.: Vossen G.: Datenmodelle, Datenbanksprachen und Datenbank-Management-Systeme; 2. Auflage; Addison-Wesley; 1994; Kapitel 7.3; S.134

3.1.3 Objektorientiertes Modell

Das objektorientierte Modell, das insbesondere durch die objektorientierten Programmiersprachen (C++, Smalltalk, Delphi)[215,216] bekannt wurde, ist im wesentlichen durch drei Anforderungen motiviert:[217]

1. Modellierbarkeit komplexer Strukturen in Anlehnung an die Vielfalt der Objekte der realen Welt.

2. Bereitstellung komplexer Datentypen wie Multimedia[218]-Typen, welche die Liste der Standard-Datentypen (z.B. Integer, Boolean, String) erweitert.

3. Bereitstellung Typ-spezifischer Operationen, insbesondere für komplexe Datentypen.

Realisiert werden diese Anforderungen in den folgenden fünf Prinzipien:

1. Jedes Entity wird als Objekt modelliert, wobei ein Objekt aus mehreren anderen Objekten zusammengesetzt sein kann.

2. Objekte kapseln Struktur und Funktion. Während die Struktur - wie beim relationalen Modell - durch Attribute beschrieben wird, sind die Funktionen eine wesentliche Neuerung: Bei herkömmlichen Sprachen werden Funktionen auf Objekte angewandt. Beim objektorientierten Modell werden solche Funktionen als Methoden in den Objekten gekapselt und damit Teil eines Objekts.

3. Auf die Daten eines Objekts kann nicht unmittelbar, sondern nur durch Aufruf einer seiner Methoden zugegriffen werden.

4. Gemeinsame Objekte werden zu Klassen zusammengefasst, wobei jedes Objekt Instanz einer Klasse ist.

---

[215] Vgl.: Webopedia: *http://webopedia.internet.com/TERM/o/object_oriented_programming_ OOP.html* · Stand: 03.02.2000

[216] Vgl.: Rumbaugh J. et al.: Object-Oriented Modeling and Design; New York; 1991; S.296ff

[217] Vgl. auch im folgenden: Vossen G.: Datenmodelle, Datenbanksprachen und Datenbank-Management-Systeme; 2. Auflage; Addison-Wesley; 1994; Kapitel 15; S.336,337

[218] Vgl.: Webopedia: *http://webopedia.internet.com/TERM/m/multimedia.html* · Stand: 03.02.2000

5. „Eine Klasse kann als Spezialisierung einer oder mehrerer anderer Klassen definiert werden; Subklassen erben Struktur und Verhalten ihrer Superklassen. Jedes
Objekt einer Subklasse ist ein Objekt jeder Superklasse."[219]

3.2 Datenbanksprache SQL

Da im Web-Database-Programming hauptsächlich relationale Datenbanksysteme
(RDBS) eingesetzt werden - dazu gehören die Universal Database DB2[220] von IBM,
der Dynamic Server von INFORMIX, der Adaptive Server ‚SYBASE'[221], der SQL-
Server[222] von Microsoft[223], ‚ORACLE'[224,225], ‚INGRES', ‚ADABAS D', ‚Gupta SQL-
Base' und ‚Watcom SQL' sowie die Pseudo-RDBS[226] ‚dBASE', ‚Paradox' und ‚MS-
Access' - und diese alle SQL unterstützen, ist SQL so etwas wie die Standard-
Sprache des Web-Database-Programming.

SQL[227] wurde bereits in den frühen 70er Jahren von IBM entwickelt und zu Beginn
der 80er Jahre vom American National Standards Institut (ANSI) standardisiert und
1986 verabschiedet. Mit SQL[228] läßt sich „die Deklaration und die Manipulation"[229]
von relationalen Datenbanken realisieren, wobei die Funktionalität in drei Ebenen ge-
teilt ist:

---

[219] Vossen G.: Datenmodelle, Datenbanksprachen und Datenbank-Management-Systeme; 2. Auflage; Addison-Wesley; 1994; Kapitel 15.2; S.346
[220] Vgl.: Misgeld W.: SQL Einstieg und Anwendung; Wien; 1991; S.249
[221] „Sybase SQL Anywhere Studio ist ein kompletter SQL-Datenbankserver mit Unterstützung für eine skalierbare Mehrbenutzer-Umgebung".
o.V.: PowerNow! Distribution GmbH; Berlin
[222] zur Akzeptanz von SQL Server 7.0:
Vgl.: o.V.: Der R/3-Unterbau; E/3 Managing R/3; 10/99; S.87
[223] Vgl.: Krause J.: MS SQL Server 7.0 im Webserver; Hanser Verlag; 1999
[224] Vgl.: Cox T.B.: ORACLE Workgroup Server Handbook; Oracle Press; Berkeley; 1995; S.xxi,xxii
[225] Vgl.: ZDNet: http://www.zdnet.de/news/artikel/2000/01/26003-wc.html · Stand: 03.02.2000
[226] Pseudo-RDBS sind „zwar Verwaltungssysteme für strukturierte Dateien", haben „aber nicht die volle Funktionalität eines Datenbanksystems". Es fehlen z.B. „kontrollierter Mehrbenutzerzugriff" und „Anfrageoptimierer".
Heuer A., Saake G.: Datenbanken, Konzepte und Sprachen; 1997; S.41
[227] Vgl.: Rolland F.D.: Relational Database Management with Oracle; Addison-Wesley; 1990; S.35
[228] Vgl.: Walther S. et al.: Active Server Pages 2.0 – UNLEASHED; 1999; S.809 (SQL Reference)
[229] Vossen G.: Datenmodelle, Datenbanksprachen und Datenbank-Management-Systeme; 2. Auflage; Addison-Wesley; 1994; Kapitel 10.1; S.222

1. *Data Definition Language (DDL)*[230]

   Dazu gehören alle Sprachelemente, die der Erstellung von Tabellen bzw. ihrer strukturellen Erweiterung dienen: CREATE[231], DROP[232], ALTER[233]

2. *Data Manipulation Language (DML)*[234]

   Dazu gehören alle Sprachelemente, die der Manipulation des Inhalts von Tabellen, ihrer Ergänzung oder Reduzierung und der Visualisierung dienen: INSERT[235], DELETE[236], UPDATE und SELECT[237]

3. *Embedded Programming Language*[238,239,240,241]

   Dazu gehören alle Sprachelemente, die der Einbettung in andere Programmiersprachen dienen. Obwohl diese Technik als Impedance Mismatch[242] kritisiert wird, ist sie sehr beliebt (siehe ASP).

3.3 Datenbanktransaktionen

Das Problem der Transaktionen tritt nicht erst seit der Verwendung von Datenbanken im Internet auf. Es ist so alt wie die Datenbanksystemtechnik selbst, jedenfalls sofern es Mehrbenutzersysteme betrifft[243]. Greifen in einer Mehrbenutzerumgebung mehrere Benutzer gleichzeitig auf eine Datenbank zu, muß diese „die parallele Verarbeitung verschiedener Benutzeraufträge ermöglichen"[244]. Problematisch ist diese Synchronisation weniger bei Lese-, als vielmehr bei Schreibvorgängen. Das DBMS muß garan-

---

[230] Vgl.: Rolland F.D.: Relational Database Management with Oracle; Addison-Wesley; 1990; S.37
[231] Vgl.: van der Lans R.F.: The SQL Standard, A complete Reference; 1989; S.57
[232] Vgl.: van der Lans R.F.: The SQL Standard, A complete Reference; 1989; S.118
[233] Vgl.: Cox T.B.: ORACLE Workgroup Server Handbook; Oracle Press; Berkeley; 1995, S.143
[234] Vgl.: Rolland F.D.: Relational Database Management with Oracle; Addison-Wesley; 1990; S.44
[235] Vgl.: van der Lans R.F.: The SQL Standard, A complete Reference; 1989; S.73
[236] Vgl.: van der Lans R.F.: The SQL Standard, A complete Reference; 1989; S.66
[237] Vgl.: Cox T.B.: ORACLE Workgroup Server Handbook; Oracle Press; Berkeley; 1995, S.54ff
[238] Vgl.: Heuer A., Saake G.: Datenbanken, Konzepte und Sprachen; 1997; S.342
[239] Vgl. auch Oracle8 for Developers: o.V.: *http://www.trainersfriend.com/O101descrpt.htm* · Stand: 02.02.2000
[240] Vgl.: van der Lans R.F.: Das SQL Lehrbuch; Addison-Wesley; 1989; S.269
[241] Vgl.: Misgeld W.: SQL Einstieg und Anwendung; Wien; 1991; S.28
[242] „das Nicht-Zusammenpassen von Programmiersprachen- und Datenbankkonzepten". Heuer A.: Objektorientierte Datenbanken, Konzepte, Modelle, Systeme; Addison-Wesley; 1992; S. 125
[243] Im Gegensatz zu den isolierten Formen wie dBASE oder MS-Access.
[244] Vossen G.: Datenmodelle, Datenbanksprachen und Datenbank-Management-Systeme; 2. Auflage; Addison-Wesley; 1994; S.443

tieren, daß diese nur sequentiell geschehen können und dabei ggf. den Benutzer über den konkurrierenden Zugriff informieren. Realisiert wird die Parallelität durch Komponenten der Transaktionsverarbeitung, zu dem auch die Concurrency-Control–Einheit[245] gehört. Sie ist dafür verantwortlich, Datensätze für die Zeit des schreibenden Zugriffs von parallelen Zugriffen abzuschotten, bis der Schreibvorgang abgeschlossen ist. Insbesondere läßt sich explizit ein „exclusive lock"[246] vom Benutzer anfordern, wenn dieser z.B. für eine UPDATE Anfrage einen oder mehrere Datensätze schützen will.

Werden parallele Zugriffe durch Concurrency Control aufgeschoben - also so lange in einer Warteschlange gehalten, bis der Datensatz freigegeben ist - kann es beim Auftreten von Fehlern oder, im schlimmsten Fall, beim Absturz des DBMSs zu Inkonsistenzen[247] kommen. Um diese zu vermeiden, verfügt das DBMS über eine weitere Komponente: Die Recovery Einheit. Sie ist dafür zuständig, die Datenbank wieder in den Zustand zurückzuversetzen, in dem sie vor dem Auftreten des Fehlers war. Transaktionen, die bis dahin ihren ‚Commit-Punkt'[248] noch nicht erreicht hatten, werden dabei rückgängig gemacht.

---

[245] Concurrent access = gleichzeitiger Zugriff zweier oder mehrerer Programme auf die gleiche Datei bzw. den gleichen Datensatz.
Vgl.: Kaltenbach T., Reetz U., Woerrlein H.: Das große Computer Lexikon; Frankfurt a.M.; 1990; S.66
[246] Cox T.B.: ORACLE Workgroup Server Handbook; Oracle Press; Berkeley; 1995, S.272
[247] Vgl. dazu auch: Schlabach T.: Synchronisation von verteilten Datenbeständen; it FOKUS 1·99; S.94ff
[248] Transaktionen, die noch nicht abgeschlossen waren bzw. die Datensätze noch nicht freigegeben haben.

4. Praxis

Datenbanken sind bei der Web-Programmierung deshalb so wichtig, weil sie völlig neue Anwendungsgebiete eröffnen. Sie lassen sich z.B. zur Benutzerverwaltung, beim Dokumentenmanagement[249] oder beim Interactive Filtering[250,251] einsetzten und stehen im Mittelpunkt vieler Web-Projekte – insbesondere im Bereich des E-Commerce.[252].

Wie in Kapitel 1.2 bereits angesprochen, ist es aus der Sicht eines Software-Entwicklers eine große Herausforderung, Datenbank-basierte Web-Applikationen zu programmieren, weil diese hinsichtlich der Synchronisation der Datenzugriffe schwer zu entwickeln und vor allem zu betreuen sind. Die Lösung für dieses Problem wird in diesem Kapitel stufenweise an Projekten aus der Praxis dargestellt.

4.1 Einführung

Ein Beispiel für eine im praktischen Einsatz befindliche Datenbank-basierte Web-Applikation ist ‚CEweb'[253] (Web-based Course Evaluation), die seit Mitte 1999 an der European Business School (ebs) [254] zur Dozentenbewertung[255] eingesetzt wird. Die Dozentenbewertung ist ein Instrument zur Beurteilung des Lehrpersonals. Die Studierenden bekommen gegen Ende eines jeden Semesters die Möglichkeit, ihren Dozenten Noten zu geben. Diese Noten werden statistisch ausgewertet und in einem Bewertungsbogen zusammengefaßt. Dieser dient dann der Hochschulleitung zur Beurteilung und dem Lehrpersonal zur persönlichen Einschätzung.

Da die Beurteilung für alle Beteiligten nachweislich anonym ablaufen soll, werden zu Beginn einer Beurteilungsperiode sogenannte Token generiert, von denen jeder Stu-

---

[249] Vgl.: Roller S.: SQL oder Volltextdatenbank ? - Wer suchet, der findet ...; it FOKUS 9·99; S.19ff
[250] Unter Interactive Filtering versteht man die kontinuierliche Einschränkung eines Suchraumes.
Kalakota R.: GSU - Center for Digital Commerce; U.S.A.
[251] Vgl. bezüglich Pull-Down Menüs zur Navigation:
Barrett D., Livingston D., Brown M.: JavaScript – for web professionals; New Jersey; 1999; S. 53ff
[252] Z.B. bei Amazon.com: http://www.Amazon.com · Stand: 07.02.2000
Lycos: *http://hotwired.lycos.com/webmonkey/backend/tutorials/tutorial3.html* · Stand: 03.02.2000
[253] Zunächst CEweb Version 1.0.
ATEC-Software: *http://www.modular.cx/CEweb.html* · Stand: 03.02.2000
[254] European Business School: *http://www.ebs.de* · Stand: 03.02.2000

dierende einen ziehen darf. Ein Token ist eine eineindeutige Zufallszahl, die als Code den individuellen Zugang zur Bewertung ermöglicht, trotzdem aber die Anonymität wahrt.

4.2 Stufe I: OFFLINE Lösung

Insgesamt läuft das Verfahren aus technischer Sicht in folgenden Schritten ab:

	Aktivität	Status
1	Laden der global.asa[256] und der Datenbank vom Server (FTP)	
2	Definition der Zeitfenster in der global.asa	OFFLINE
3	Ausführen der Abfrage zur Generierung der Token	
4	Ausdruck und Verteilen der Token	
5	Speichern der global.asa und der Datenbank auf den Server (FTP)	ONLINE
6	Abwarten der Bewertung der Veranstaltungen	
7	Laden der global.asa und der Datenbank vom Server (FTP)	OFFLINE
8	Auswertung und Ausdruck der Ergebnisse	

Tabelle 2) Zeitlicher Ablauf bei der Offline-Lösung

Realisiert wurde die Applikation mit einer MS-Access Datenbank (vgl. Abb. 12) und einer in ASP programmierten Web-Site. Die Datenbank besteht im Kern aus folgenden Tabellen, Abfragen, Berichten und Formularen sowie einigen Modulen für die Berechnungen:

---

[255] ATEC-Software: *http://www.modular.cx/DoBe* · Stand: 03.02.2000
[256] Die global.asa Datei befindet sich im Hauptverzeichnis des IIS und beinhaltet die Deklarationen globaler Variablen.
Vgl.: Weissinger A.K.: ASP in a nutshell; O'Reilly; Sebastopol; 1999; S.141ff,150ff

36

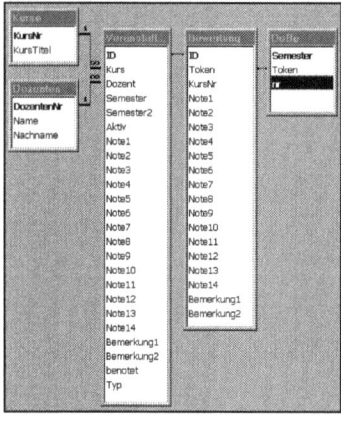

Abb. 12) Das ERD[257] des CEweb[258]

Die Tabellen ‚Kurse' und ‚Dozenten' werden über die Tabelle ‚Veranstaltungen' zusammengeführt. Zu jeder Veranstaltung gibt es 0-n Einträge in der ‚Bewertung' Tabelle, die über die Veranstaltungs-ID referenziert werden. Die Verbindung zwischen ‚Bewertung' und ‚DoBe' über das Token ist notwendig, um für ein bestimmtes Token nur die Veranstaltung freigeben zu können, die noch nicht bewertet wurden. Dies entspricht einer History-Funktion, die es dem Studierenden ermöglicht, die Bewertung von Veranstaltungen über mehrere Sitzungen verteilt durchzuführen.

⊞	Tabelle	Beschreibung
	Kurse	mit allen Titeln der zu bewertenden Kurse
	Dozenten	mit allen Namen der zu bewertenden Dozenten
	Veranstaltungen	zur Verknüpfung von Kursen und Dozenten
	Bewertung	zur Speicherung jeder einzelnen Bewertung
	DoBe	mit allen Token für die jeweiligen Semester
⊞	**Abfrage**	**Beschreibung**
	Token	zur Generierung neuer Token für alle Semester
⊞	**Bericht**	**Beschreibung**
	Bewertung	zum Druck der Ergebnisbögen (Bewertungsbögen)
	Token	zum Druck der Token für die jeweiligen Semester

Tabelle 3) Struktur der CEweb Datenbank

Das Projekt wird auf einem Windows NT Advanced Server 4.0[259] mit MS-IIS V4.0 betrieben, der ASP und ODBC für MS-Access unterstützt. Die Administration des Ser-

---

[257] Entity Relationship Diagramm (ERD): Grafische Darstellung der Relationen einer Datenbank.
[258] Quelle: Relationships aus der MS-Access Datenbank von CEweb

vers erfolgt über ein Web-Interface, das Überspielen von Dateien per FTP. Die Web-Site besteht im wesentlichen aus vier Seiten:

Eintrittsseite

Auf der Eintrittsseite (Abb. 13) werden die Benutzer mit einer kurzen Erklärung der Dozentenbewertung begrüßt. Die Bewertungs-Zeitfenster sind die einzigen dynamischen Inhalte auf dieser Seite: Sie werden in der global.asa Datei auf dem Server gespeichert (Abb. 14). Hier sind alle globalen Variablen definiert, die zentral verwaltet werden sollen, aber auf jeder Seite innerhalb des Webs verfügbar sind.

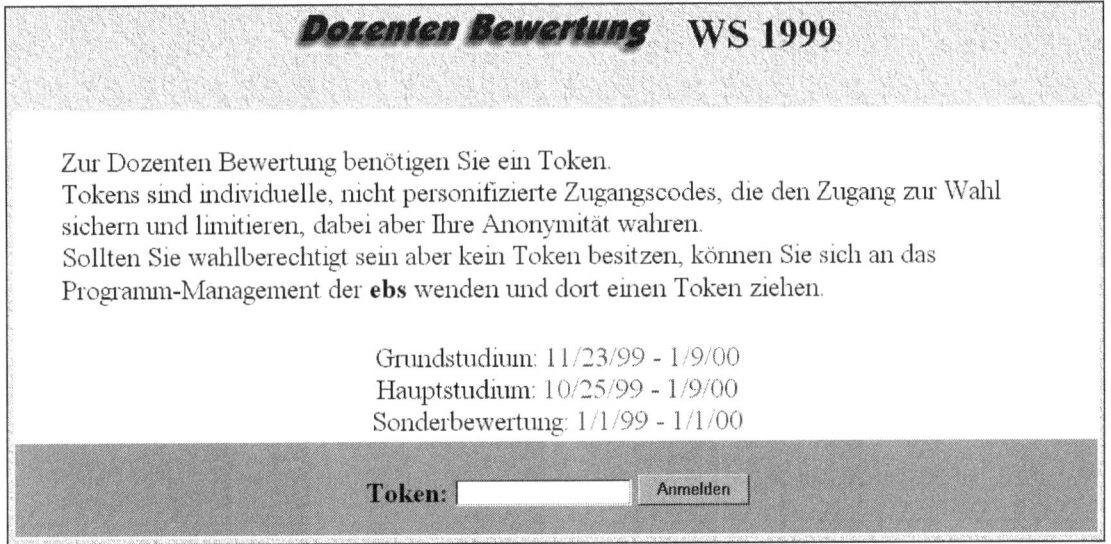

Abb. 13[260]) Die *Eintrittsseite* **default.asp**

```
Grundstudium: <font color=red><%Response.Write(Application("GS_Start")& " - " &Application("GS_End"))%></font><br>
Hauptstudium: <font color=red><%Response.Write(Application("HS_Start")& " - " &Application("HS_End"))%></font><br>
Sonderbewertung: <font color=red><%Response.Write(Application("SB_Start")& " - " &Application("SB_End"))%></font><br>
```

Abb. 14) Code-Auszug zum Zeitfenster
Schwarze Zeichen sind reiner HTML-Text. Blau sind HTML-Tags bzw. Skript-Code. Rote '<%' bzw. '%>' Zeichen klammern ASP-Code. Grün sind die Parameter bei Funktionsaufrufen in ASP.

Die Variablen ‚HS_Start' bis ‚SB_End' (vgl. Abb. 14) bestimmen z.B. das obige Zeitfenster (Abb. 13) und werden unter Verwendung des Application-Objekts ausgelesen und

---

[259] Vgl.: Intermedia: *http://www.intermedia.net/hosting_planc.asp* · Stand: 03.02.2000
[260] Quelle: ATEC-Software: *http://www.modular.cx/DoBe* · Stand: 03.02.2000

38

angezeigt (vgl. Abb. 15). Das Input-Feld (in Abb. 13) dient der Eingabe des Token, welcher beim Klick auf den ‚Anmelden'-Button übermittelt wird.

```
<SCRIPT LANGUAGE="VBScript" RUNAT="Server">
SUB Application_OnStart

    Application("DoBe_ConnectionString")    = "FILEDSN=D:\FTP\DocJoJo\Database\DoBe.dsn"
    Application("DoBeWahljahr")             = "WS 1999"
    Application("DoBe_Login")               = "dobe99"
    Application("DoBe_PWD")                 = "test"
    Application("HS_Start")                 = "10/25/99"
    Application("HS_End")                   = "1/9/00"
    Application("GS_Start")                 = "11/23/99"
    Application("GS_End")                   = "2/9/00"
    Application("SB_Start")                 = "1/1/99"
    Application("SB_End")                   = "1/1/00"

END SUB
</SCRIPT>
```

Abb. 15) Die global.asa Datei des CEweb
Hier werden neben den Zeitfenstern auch das Login für die Administrator-Seite und der Pfad zur Datenbank gespeichert.

Auswahlseite

Daraufhin erscheint die Auswahlseite. Sie zeigt eine tabellarische Übersicht (Abb. 16) aller registrierten Veranstaltungen aus dem durch das Token definierten Semester (vgl. Abb. 17), zu denen für dieses Token noch keine Bewertung vorliegt.

Dozenten Bewertung WS 1999

Mit dem Token 98821248
sind Sie für das 1. Semester wahlberechtigt !

Folgende Lehrveranstaltungen stehen zur Auswahl:

Kurs	Dozent
Algorithmen und Datenstrukturen I	Dr. G.
Betriebswirtschaftslehre: Unternehmensplanspiel	Dr. A B
Einführung in die Betriebswirtschaftslehre	Dr. D. G
Einführung in die Volkswirtschaftslehre: VGR	Prof. Dr. H. M
Finanzbuchhaltung	Dr. G. G

--> gewählte Veranstaltung bewerten

Abb. 16[261]) Die *Auswahlseite* (wahl.asp)

---

[261] Quelle: ATEC-Software: *http://www.modular.cx/DoBe* · Stand: 03.02.2000 (gekürzt und mit geänderten Namen)

```
Statement = "SELECT ID, Semester, Semester2, Veranstaltungen.Kurs, Aktiv, Kurse.KursTitel,_
Dozenten.Name, Typ FROM (Veranstaltungen INNER JOIN Kurse ON Veranstaltungen.Kurs =_
Kurse.KursNr) INNER JOIN Dozenten ON Veranstaltungen.Dozent = Dozenten.DozentenNr WHERE _
(((Veranstaltungen.Semester)=" & Semester & " OR (Veranstaltungen.Semester2)=" & Semester & ")_
AND ((Veranstaltungen.Aktiv)=-1)) ORDER BY Kurse.KursTitel"
Set Record = Connection.Execute(Statement, RecordsAffected, adCmdText)
```

Abb. 17) Code-Auszug I: Selektion der Veranstaltungen

Die SQL Abfrage zur Selektion aller Veranstaltungen des Semesters, das durch das Token definiert wurde.

Dabei wird jeder Eintrag als INPUT Feld vom Typ Radio[262] definiert, um die Auswahl einer einzigen Veranstaltung zur Bewertung zu ermöglichen (vgl. Abb. 18).

```
Record.MoveFirst
Do Until Record.EOF
    If Typus(Record("ID"))="0" then
        Response.Write("<tr align=left><td width='5%'><input type='radio' name='Veranstaltung' value='" &_
        Record("ID") & "'"
        'If count=0 then Response.Write(" CHECKED")
        Response.Write("></td><td width='60%'>" & Record("KursTitel") & "</td><td width='30%'>" & Record("Name") &_
        "</td></tr>")
    End If
    Record.MoveNext
Loop
```

Abb. 18) Code-Auszug II: Selektion der Veranstaltungen

Der VB-Code zur Ausgabe nur der Veranstaltungen, die mit diesem Token noch nicht bewertet wurden.

Natürlich soll die Abgabe einer Bewertung nur für autorisierte Anwender möglich sein, um Mißbrauch auszuschließen (vgl. Abb. 19 und Abb. 20).

```
'######## Schutz vor Direkteinstieg ###############
If IsNumeric(Token) AND Token<>"" Then
    Statement = "SELECT Semester, Token "
    Statement = Statement + "FROM DoBe "
    Statement = Statement + "WHERE Token = " + Token
    Set Record = Connection.Execute(Statement, RecordsAffected, adCmdText)

    '######## Überprüfung ob Token wahlberechtigt ist ##########
    If NOT Record.EOF Then
        Angemeldet = TRUE
        Semester= Record("Semester")
    End If
End If
```

Abb. 19) Code-Auszug: Schutz vor Direkteinstieg / Prüfung des Token

Das Token wird beim Aufruf der Seite mit der DoBe-Tabelle gegengeprüft und - falls vorhanden - wird das entsprechende Semester zurückgeliefert und die Variable ‚An-gemeldet' auf ‚Wahr' gesetzt.

---

[262] Vgl.: Ladd E., O'Donnell J.: Using HTML 3.2, Java 1.1, and CGI; Plantinum Edition; 1996; S.204

```
If Not Angemeldet Then%>
    <h3><font color="#ff0000">Es ist kein solches Token zur Wahl freigegeben</font> !</h3>
    <h4>Bitte &uuml;berpr&uuml;fen Sie Ihre Angaben und versuchen Sie es nochmals !</h4>
    <p>
<%Else
    If Not Freigegeben Then%>
        <font color=red><h3>Die Bewertung f&uuml;r dieses Semester ist beendet</h3></font>
    <%Else%>
        <h3>
        Mit dem Token <font color=blue><%Response.Write(Enc(Token))%></font> <br> sind Sie f&uuml;r das_
         <font color=blue><%Response.Write(Enc(Semester))%>. Semester</font> wahlberechtigt !<br>
        </h3>
        <hr>
```

Abb. 20) Code-Auszug: Freigabe zur Bewertung

Ist das Token nicht vorhanden, wird der Zugang verweigert. Darüber hinaus wird auch das Zeitfenster geprüft[263] und der Zugang nur gewährt, solange er innerhalb der Semester-spezifischen Zeitfenster erfolgt.

Bewertungsseite

Nach Auswahl der zu bewertenden Veranstaltung gibt die Bewertungsseite (Abb. 21)

Dozenten Bewertung WS 1999

Mit dem Token 98821248
sind Sie für das 1 . Semester wahlberechtigt !

Sie bewerten die Veranstaltung:

Algorithmen und Datenstrukturen I (Dr. G. D)

SEKTION A: DOZENT

1. Artikulationsvermögen:
Der Dozent verwendet eine verständliche Ausdrucksweise, der Vortragsstil ist klar und deutlich. Wissensinhalte wurden gut vermittelt

2. Fachkompetenz:
Der Dozent hat solide Kenntnisse auf dem Gebiet der Lehrveranstaltung

3. Motivation des Dozenten:
Der Dozent ist selber motiviert und zeigt Engagement für den Kurs

4. Gesprächsbereitschaft:
Es wurden ausreichend Möglichkeiten zu Diskussion gegeben, die Studenten konnten konstruktive Anmerkungen machen.

5. Erreichbarkeit ausserhalb des Kurses:
Der Dozent war auch ausserhalb der Veranstaltung gut zu erreichen und gesprächsbereit

Was hat Ihnen an dem Kurs nicht gefallen (Verbesserungsvorschläge)?

Abb. 21)[264] Die *Bewertungsseite* **(wahl2.asp).**

---

[263] Die Variable ‚Freigegeben' wird an anderer Stelle entsprechend initialisiert.

die Formularfelder frei, um die ausgewählte Veranstaltung zu bewerten. Sie verwendet dabei die Request.Form('Variable') Funktion, um das Token und die Nummer der zu bewertenden Veranstaltung von der Auswahlseite zu beziehen (vgl. Abb. 22). Um Seiteneinstiege auf die Bewertungsseite zu unterbinden, erfolgt auf dieser Seite eine erneute Verifizierung hinsichtlich des Token.[265]

```
<%
    Statement = "SELECT ID, Semester, Semester2, Veranstaltungen.Kurs, Aktiv, Kurse.KursTitel, _
    Dozenten.Name, Typ FROM (Veranstaltungen INNER JOIN Kurse ON Veranstaltungen.Kurs = Kurse.KursNr) _
    INNER JOIN Dozenten ON Veranstaltungen.Dozent = Dozenten.DozentenNr WHERE _
    (((Veranstaltungen.Semester)=" & Semester & " OR (Veranstaltungen.Semester2)=" & Semester & ") _
    AND ((Veranstaltungen.Aktiv)=-1) AND (Veranstaltungen.ID="&Request.Form("Veranstaltung")&")) _
    ORDER BY Veranstaltungen.Semester"
    Set Record = Connection.Execute(Statement, RecordsAffected, adCmdText)
    Record.MoveFirst
%>
```

Abb. 22) Code-Auszug: Auswahl der Veranstaltung

Für die Auswahl der zu bewertenden Veranstaltung wird mit der Request.Form('Veranstaltung') Funktion die Veranstaltungsnummer von der Auswahlseite gelesen und über das SELECT-Statement die dazu passende Veranstaltung zurückgeliefert.

Bestätigungsseite

Füllt der Benutzer das Bewertungsformular aus und klickt auf den ‚Submit'-Button, so wird der Inhalt der Felder an die save.asp Seite übergeben, welche die Daten als neuen Eintrag in die Tabelle ‚Bewertung' schreibt (vgl. Abb. 26). Dieser Vorgang wird dem Anwender anzeigt, der dann wieder zur Auswahlseite zurückgelangen kann, um eine weitere Veranstaltung zu bewerten (Abb. 23). Da die ASP-Seiten mit dem ‚no-cache' Meta-Tag[266] versehen sind, wird die gerade bewertete Veranstaltung berücksichtigt und in der Liste der zu bewertenden Veranstaltungen fehlen.

---

[264] Quelle: ATEC-Software: *http://www.modular.cx/DoBe* · Stand: 03.02.2000 (gekürzt und mit geänderten Namen)

[265] In neueren Applikationen werden Session-Variablen für die Autorisierung benutzt. Diese werden durch die Eintrittsseite mit einem einmaligen Zugriff auf die Benutzertabelle gesetzt und von allen Folgeseiten abgerufen. Dadurch entfällt das aufwendige Weiterreichen von Benutzerdaten.

[266] Das <META NAME='pragma' CONTENT='no-cache'> Meta-Tag steht im Kopf einer HTML-Seite und weist den Browser an, die Seite nicht im Cache zu speichern. Wird die gleiche Seite später erneut aufgerufen, muß der Browser diese nochmals vom Server anfordern und kann sie nicht aus dem Cache liefern. Auch wenn darunter die Performance leidet, hat dies den positiven Effekt, daß - im Fall einer dynamisch generierten Seite - eventuelle Veränderungen im Datenbestand berücksichtigt werden. ASP-Seiten bleiben auf diese Weise immer aktuell.

Dozenten Bewertung WS 1999

Ihre Bewertung wurde gespeichert.

Vielen Dank für Ihre Teilnahme !

weitere Veranstaltungen bewerten

Abb. 23) Die *Bestätigungsseite* **(save.asp)**

```
Dim Token, Bemerkung1, Bemerkung2, Veranstaltung
Dim Note1, Note2, Note3, Note4, Note5, Note6, Note7,
Dim Note8, Note9, Note10, Note11, Note12, Note13, Note14

Token = Request.Form("Token")
Note1 = Request.Form("Note1")
Note2 = Request.Form("Note2")
Note3 = Request.Form("Note3")
Note4 = Request.Form("Note4")
Note5 = Request.Form("Note5")
Note6 = Request.Form("Note6")
Note7 = Request.Form("Note7")
Note8 = Request.Form("Note8")
Note9 = Request.Form("Note9")
Note10 = Request.Form("Note10")
Note11 = Request.Form("Note11")
Note12 = Request.Form("Note12")
Note13 = Request.Form("Note13")
Note14 = Request.Form("Note14")
Bemerkung1 = KillQuotes(Request.Form("Bemerkung1"))
Bemerkung2 = KillQuotes(Request.Form("Bemerkung2"))
Veranstaltung = Request.Form("Veranstaltung")
```

Abb. 24) Code-Auszug: Zwischenspeicherung

Die Daten aus dem Bewertungsformular werden wiederum mit der Request.Form Funktion gelesen und zur Weiterverarbeitung zwischengespeichert, z.B. um noch Sonderzeichen herauszufiltern. Es gibt Varianten, die mit Schleifen wie ‚FOR EACH thing IN Request.FORM' arbeiten, aber hier ist die Übersichtlichkeit der Performance vorzuziehen. Außerdem ist die ‚FOR EACH thing' Variante nur dann schneller, wenn keine

Weiterverarbeitung der Formulardaten erfolgen muß. Diese ist aber hier vor allem wegen möglicher Anführungszeichen (Quotation Marks) innerhalb der Textfelder unumgänglich, denn diese führen bei den SQL-Statements im ASP-Code zu Fehlermeldungen.

```
Statement = "SELECT ID FROM Bewertung WHERE Token=" & Token & " AND KursNr=" & Veranstaltung
Set Record = Connection.Execute(Statement, RecordsAffected2, adCmdText)
'### Überprüfung ob mit "Refresh" ein erneutes Speichern versucht wird ###
If NOT Record.EOF Then %>
    <center>
    <br><h3>
    <font color=red>Sie haben f&uuml;r diese Veranstaltung bereits eine Bewertung abgegeben. <br>
    Mehrfach Speicherungen sind nicht m&ouml;glich.</font><br><br>
    Bitte wählen Sie eine andere Veranstaltung !</h3>
```

Abb. 25) Code-Auszug: Unterbindung von Mehrfacheinträgen

Um Mehrfachspeicherung - z.B. weil der Benutzer bei seinem Browser die Funktion Refresh[267] ausführt - zu unterbinden, erfolgt vor der Speicherung eine Prüfung, ob das Token in Verbindung mit der Veranstaltungsnummer bereits in der Bewertungstabelle existiert.

---

[267] Die Refresh-Funktion dient der Aktualisierung des Fensterinhalts, führt aber bei einer ASP Seite zum erneuten Versand der Daten.

```
Statement = "INSERT INTO Bewertung (Token,KursNr,Note1,Note2,Note3,Note4,Note5,Note6,Note7,Note8,_
Note9,Note10,Note11,Note12,Note13,Note14,Bemerkung1,Bemerkung2) VALUES ("
Statement = Statement + Token + "," + Veranstaltung + "," + Note1 + "," + Note2 + "," + Note3 + _
"," + Note4 + "," + Note5 + "," + Note6 + "," + Note7 + "," + Note8 + "," + Note9 + "," + Note10 +_
"," + Note11 + "," + Note12 + "," + Note13 + "," + Note14 + ",'" + ReturnEmpty(Bemerkung1) + _
"','" + ReturnEmpty(Bemerkung2) + "')"
Connection.Execute Statement, RecordsAffected, adCmdText%>
```

Abb. 26) Code-Auszug: Datenspeicherung

*Anschließend werden die Daten durch den INSERT-Befehl in der Tabelle ‚Bewertung'
abgespeichert.*

Im Laufe einer Bewertungsperiode kommt es zu mehreren Tausend Einträgen in die
Bewertungstabelle. Ist die Periode beendet, muß die Datenbank vom Web-Server
heruntergeladen und ausgewertet werden. Die Auswertung geschieht also OFFLINE.
Die Übersicht der Aktivitäten (vgl. Tabelle 2) macht deutlich, daß die Bewertungsvor-
gänge die einzigen ONLINE Aktivitäten sind, welche sozusagen von OFFLINE Aktivitäten umschlossen werden. Aus diesem Grund heißt Stufe I auch OFFLINE Lösung.
Sie löst das Problem des Bewertungsverfahrens im Hinblick auf räumliche und zeitliche Restriktionen - weil die Bewertung von überall und jederzeit möglich ist - bleibt
aber auf OFFLINE Bestandteile zur Steuerung und Auswertung angewiesen.

Schwachstellen

Sollen Änderungen wie z.B. die Verlängerung der Bewertungsperiode, die Korrektur
von Fehlern in Dozentennamen oder Kursen oder das Hinzufügen neuer Veranstaltungen im laufenden Verfahren erfolgen, ist das nur schwer realisierbar. Während die
Verlängerung der Bewertungsperiode durch Editieren der global.asa noch unproble-
matisch ist, können Änderungen bei den Veranstaltungen nur durch Editieren der Datenbank durchgeführt werden. Problematisch dabei ist, daß diese Änderungen nur
dann wirksam sein können, wenn die geänderte Datenbank wieder auf dem Web-
Server gespeichert wird. Dazu muß die aktuelle Datenbank überschrieben werden.
Da auf diese aber theoretisch jederzeit Benutzer zugreifen können, ist es denkbar,
daß bei dieser Gelegenheit bereits neu eingegangene Bewertungen überschrieben
werden und damit verloren gehen. Vermeiden läßt sich dieses Problem zwar durch
temporäres Abschalten der Web-Site – aber das widerspricht dem Prinzip ständiger
Verfügbarkeit. Außerdem läßt sich auch ein Abschalten nur schwer so terminieren,
daß dabei keine laufende Verbindung Schaden nimmt.

Lösungsansatz

Es ist offensichtlich, daß der Schlüssel zur Lösung dieser Konflikte darin liegt, zunächst alle veränderlichen Daten, wie z.B. die Zeitfenster, in die Datenbank zu verlegen, um dann Struktur und Inhalt ONLINE verändern zu können, ohne dabei eine laufende Verbindung zu gefährden. Wie in Kapitel 3.3 bei parallelen Benutzeraufträgen dargestellt, liegt das Problem nicht in der Datenbanktechnik sondern in der Komplexität der Schnittstelle, über die Entwickler und Anbieter eine sich im Betrieb befindliche Anwendung variieren wollen. Denn die Komponenten der Transaktionsverarbeitung bieten alle Lösungen für Synchronisationsprobleme, die im Zusammenhang mit Datenbanken in verteilten Systemen auftreten. Dagegen stellt das Überschreiben der Datenbank bei der OFFLINE Lösung einen externeren Eingriff dar, dem keine Datenbank gewachsen ist. Letztlich muß dieser Medienbruch[268] vermieden werden, um die Vorteile der Transaktionsverarbeitung überhaupt nutzen zu können.

4.3 Stufe II: ONLINE Lösung

Es bietet sich an, den Medienbruch mit einem Web-Interface zu umgehen, damit sich zumindest alle Veränderungen am Inhalt durchführen lassen, die erst nach der Freischaltung der Web-Seite anfallen.

4.3.1 ONLINE Lösung für den Anbieter

Mit der ‚CEweb' Version 2.0 existiert eine Web-Applikation, die diese Anforderung bereits teilweise erfüllt. Sie stellt eine Weiterentwicklung dar, die an den bekannten Schwachstellen ansetzt und den Ablauf wie folgt ändert:

	Aktivität	Status
1	Definition der Zeitfenster	ONLINE
2	Ausführen der Abfrage zur Generierung der Token	

---

[268] Als Medienbruch bezeichnet man die Verwendung unterschiedlicher Kommunikationsmittel (z.B. Email, Fax und Brief) in einer laufenden Konversation. Hier ist der Wechsel von OFFLINE zu ONLINE und von ONLINE zu OFFLINE gemeint.

3	Laden der Datenbank vom Server (via FTP)	OFFLINE
4	Ausdruck und Verteilen der Token	
5	Abwarten der Bewertung der Veranstaltungen	ONLINE
6	Ggf. Änderung der Bewertungsperiode oder der Veranstaltungsliste	
7	Laden der Datenbank vom Server (via FTP)	OFFLINE
8	Auswertung und Ausdruck der Ergebnisse	

Tabelle 4) Zeitlicher Ablauf bei der Online-Lösung

Auch hier tritt - neben einem weiteren Statuswechsel - ein Medienbruch im Ablauf auf. Aber es gibt keinen Vorgang mehr, bei dem die global.asa oder die Datenbank überschrieben werden. Damit entfällt das Problem der externen Eingriffe. Erreicht wurde dies durch zwei Verbesserungen: Die Verlagerung der globalen Variablen in die Datenbank und die Bereitstellung eines Webinterfaces zur inhaltlichen Manipulation der Tabellen:

Verlagerung der globalen Variablen

Die Verlagerung der globalen Variablen von der global.asa in eine Tabelle der Datenbank hat zunächst den Vorteil, daß nun alle Datenbank-spezifischen Parameter in der Datenbank und nicht mehr in einer externen Datei gespeichert sind. Das erleichtert die Wartung. Der entscheidende Vorteil ergibt sich aber aufgrund einer anderen Problematik: Die global.asa ist *die* Steuerdatei auf dem Web-Server. Während es auf dem Server nur eine derartige Datei gibt, können in einem lokalen Web mehrere global.asa Dateien, z.B. eine für jedes Sub-Web, existieren, die dann nur Sub-Web-spezifische Daten enthalten. Auf dem Server werden diese Parameter in *einer* global.asa zusammengefaßt, die sich im Hauptverzeichnis des Web-Servers befindet und damit die kritischste Datei auf dem Server überhaupt darstellt. Manipulationen an dieser Datei sind nur mit äußerster Vorsicht durchzuführen, weil sie den ganzen Server beeinflussen und schlimmstenfalls einige Sub-Webs gefährden könnten. Dies gilt insbesondere bei der Verwendung unterschiedlicher Datenbanken durch die Sub-

Webs, da in der global.asa die Pfade zu den Datenbanken angegeben sind. Eine Manipulation an der global.asa sollte daher grundsätzlich nur vom Web-Administrator selbst durchgeführt werden.

Werden nun die Parameter, die ausschließlich der Steuerung der Datenbank und nicht dem Web-Server dienen, in die Datenbank verlagert (vgl. Abb. 27), sind Manipulationen an der global.asa nicht mehr nötig und Änderungen an den Datenbankparametern auch durch anderes Personal als den Administrator durchführbar.

```
Set MyConn = Server.CreateObject("ADODB.Connection")
MyConn.Open Application("DoBe_ConnectionString")
MySQL="SELECT * FROM Anmeldezeitraum"
Set RS=MyConn.Execute(MySQL)
if not rs.eof then
 startgs=RS("startgs")
 endegs=RS("endegs")
 starths=RS("starths")
 endehs=RS("endehs")
 starts=RS("starts")
 endes=RS("endes")
else
 startgs="Wahl Geschlossen"
 endegs=""
 starths="Wahl Geschlossen"
 endehs=""
 starts="Wahl Geschlossen"
 endes=""
end if
```

Abb. 27) Code-Auszug: Zeitfenster

Zeigt die Veränderung hinsichtlich der Zeitfenster. Auf der Eintrittsseite werden diese nun nicht mehr aus der global.asa ausgelesen, sondern aus der Tabelle ‚Anmeldezeitraum' (Abb. 28). Dort stehen sie als Einträge im ersten Datensatz. Die Anzeige erfolgt dagegen wie gehabt (siehe Abb. 29). Der ASP-Code wurde kaum verändert – trotzdem ist der Effekt enorm.

Anmeldezeitraum : Table					
StartGS	**EndeGS**	**StartHS**	**EndeHS**	**StartS**	**EndeS**
11/23/99	2/9/00	10/25/99	1/9/00	1/1/99	1/1/00

Abb. 28) Die neue Tabelle 'Anmeldezeitraum'.

```
Grundstudium: <font color=red><%Response.Write(startgs & " - " & endegs)%></font><br>
Hauptstudium: <font color=red><%Response.Write(starths & " - " & endehs)%></font><br>
Sonderbewertung: <font color=red><%Response.Write(starts & " - " & endes)%></font><br>
```

Abb. 29) Code-Auszug: Anzeige der Zeitfenster.

Das Webinterface

Wenn die Datenbank auf dem Server nicht überschrieben werden darf, die Tabellen aber trotzdem gepflegt werden müssen, kann auf die Datenbank zwangsläufig nur direkt über den Server zugegriffen werden. Da der Anbieter grundsätzlich nur inhaltliche Manipulationen durchführen darf, beschränken sich die zu unterstützenden Befehle auf die Data Manipulation Language, also INSERT, DELETE, UPDATE und SELECT. Diese Befehle (vgl. Kapitel 4.1) entsprechen denen, die auch für die Benutzereingaben verwendet werden. Es ist daher lediglich notwendig, ein passendes Interface zu entwickeln:

Wie folgende Web-Formulare zeigen (vgl. Abb. 30 und Abb. 32), lassen sich zu MS-Access Formularen (vgl. Abb. 31 und Abb. 33).äquivalente Werkzeuge mit dem entsprechenden ASP-Code und SQL-Befehlen auch online realisieren (vgl. Abb. 34).

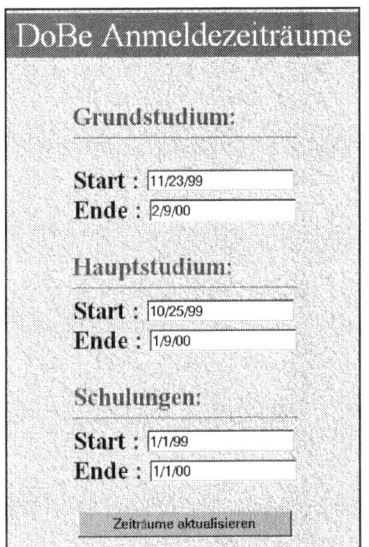

Abb. 30) Beispiel: Web-Formular – Zeitfenster

Zeigt beispielhaft ein Web-Formular zur Manipulation der Zeitfenster. Obwohl die Funktionalität der eines MS-Access-Formulars ähnelt, ist die Entwicklung eines Web-Formulars wesentlich aufwendiger. Während die Funktionalität für Web-Formulare explizit in ASP codiert werden muß, ist sie bei den Formularfeldern in MS-Access schon inhärent.

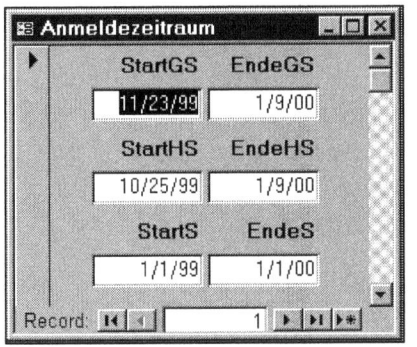

Abb. 31) Beispiel: MS-Access-Formular - Zeitfenster

In dieser Form unterscheidet sich ein Web-Formular äußerlich kaum von einem MS-Access Formular zur Verwaltung von Tabellen, wie hier in MS-Access 2000.

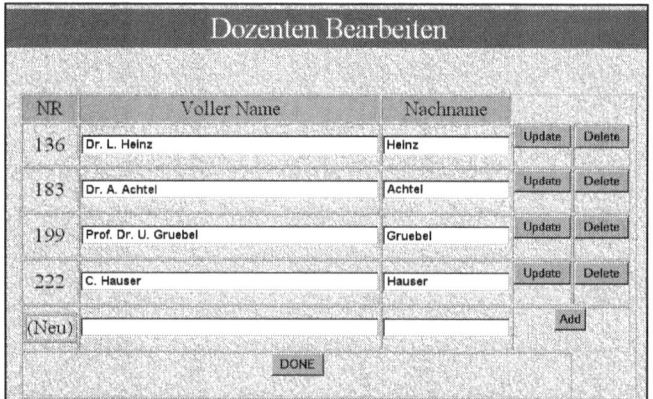

Abb. 32) Beispiel: Web-Formular - Dozenten

Zeigt ein Web-Formular für die Verwaltung der Dozentennamen.

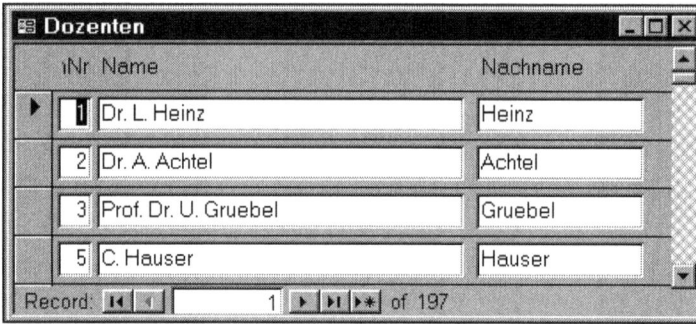

Abb. 33) Beispiel: MS-Access-Formular – Dozenten

```
Dim MyConn, RS
Set MyConn = Server.CreateObject("ADODB.Connection")
MyConn.Mode = adModeReadWrite
MyConn.Open Application("DoBe_ConnectionString")
Set Rs = Server.CreateObject("ADODB.Recordset")

if request.form("loopback")="true" then
 if request.form("delete")="true" then 'Are we deleting ?
  MySQL="Delete * from dozenten WHERE dozentennr="&Request.Form("nr")
  MyConn.Execute(MySQL)
 else
  if request.form("add")="true" then  'Are we adding or updatig ?
  '### Add new News
   if Request.Form("nachname")="" OR Request.Form("name")="" then
     Response.Write("<center><font color=red>Eintragung konnte nicht vorgenommen werden !_
            <br>Bitten f&uuml;llen Sie ALLE Felder aus !</font></center><br>")
   else
     MySQL="INSERT INTO Dozenten (Name, nachname) VALUES ('"&Request.Form("name")&"', '"&_
         Request.Form("nachname")&"')"
     MyConn.Execute(MySQL)
   end if
  else
  '### Update the Record in Question
   if Request.Form("nachname")="" OR Request.Form("name")="" then
     Response.Write("<center><font color=red>Eintragung konnte nicht vorgenommen werden !_
            <br>Bitten f&uuml;llen Sie ALLE Felder aus !</font></center><br>")
   else
     MySQL="Update Dozenten SET Name='"&Request.Form("name")&"', nachname='"&_
         Request.Form("Nachname")&"' WHERE DozentenNR="&Request.Form("nr")
     MyConn.Execute(MySQL)
   end if
  end if
 end if
end if
```

Abb. 34) Code-Auszug: Zur Manipulation der Dozentenliste

Zur Manipulation der Dozentenliste stellt das obige Formular (vgl. Abb. 32) die Funktionen UPDATE und DELETE zur Verfügung. Beide werden mit den äquivalenten SQL-Befehlen realisiert. Da jede Zeile im Formular mit einem eigenen Button versehen ist, lassen sich die Einträge einzeln bearbeiten. Dazu wird die WHERE Klausel des DELETE oder UPDATE Befehls mit der jeweiligen Nummer des Eintrags versehen.

4.3.2 ONLINE Lösung für den Entwickler

Während dem Anbieter die Befehle der Data Manipulation Language genügen, muß der Entwickler auch die Möglichkeit haben, strukturelle Veränderungen an der Datenbank durchzuführen. Dazu werden die Befehle der Data Definition Language (CREA-TE, DROP, ALTER) benutzt.

An dieser Stelle wird der grundlegende Unterschied zwischen der ,Pseudo'-Datenbank MS-Access und ,echten' Datenbanksystemen deutlich: Während eine MS-Access-Datenbank für strukturelle Veränderungen geöffnet, editiert und wieder geschlossen werden muß, besitzen andere Datenbanksysteme eine Kommandozeile, über die SQL-Befehle abgesetzt werden können. Da MS-Access-Datenbanken im E-ditier-Modus für Zugriffe aus der Multi-User-Umgebung gesperrt sind, kann die Manipulation nur OFFLINE erfolgen, während andere Datenbanken manipuliert werden können, ohne sie vorher vom Netz nehmen zu müssen. Selbst wenn der Administrator sich nicht in der Nähe des Web-Servers befindet, kann er sich per TELNET[269] einwählen und so per Fernwartung die Kommandozeile benutzen.

Aber auch bei diesen Datenbanksystemen ist ein Web-Interface anstelle der Kommandozeile sinnvoll, da es mehr Komfort bietet und die gesamte Wartung über ein einziges Steuerinstrument erfolgt. Letztlich geht es also darum, ein Web-Interface zu entwickeln, das insbesondere die Benutzung der DDL erlaubt und darüber hinaus das Absetzen beliebiger SQL-Befehle ermöglicht.

Während MS-Access aufgrund seiner Konzeption für derartige Anforderungen nicht gut geeignet ist, gibt es ein Datenbanksystem, für das bereits ein Web-Interface existiert: MySQL[270].

MySQL[271] ist ein in C++[272] geschriebener SQL-Datenbankserver, der Multi-User-Unterstützung und Multi-Threading bietet, auf unterschiedlichen Plattformen (UNIX, OS/2 und Windows) läuft, und darüber hinaus schnell, leistungsfähig sowie robust ist.[273] Mit einem entsprechenden ODBC-Treiber kann MySQL auch unter Windows[274]

---

[269] Mit einer Terminal Emulaion (TELNET) Verbindung lassen sich Client und Server auch auf große Distanz so verbinden, daß der Client Befehle auf dem Server ausführen kann, als wäre er vor Ort. Vgl.: Webopedia: *http://webopedia.internet.com/TERM/T/Telnet.html* · Stand: 03.02.2000

[270] MySQL: *http://www.mysql.com/* · Stand: 03.02.2000

[271] Vgl. auch: Developer Shed: *http://www.devshed.com/Server_Side/MySQL/* · Stand: 03.02.2000

[272] Objektorientierter C-Nachfolger; einer der populärsten Programmiersprachen. Vgl.: Webopedia: *http://webopedia.internet.com/TERM/C/C_plus_plus.html* · Stand: 03.02.2000

[273] Vgl.: Lycos: *http://hotwired.lycos.com/webmonkey/99/21/index2a.html?tw=programming* · Stand: 03.02.2000

für die Programmierung mit ASP oder PHP eingesetzt werden. Insbesondere lassen sich MS-Access Tabellen gut in MySQL Tabellen konvertieren. Da bei Web-Applikationen ein großer Teil der Funktionalität ohnehin aus der Datenbank ausgelagert[275] wird, ist eine Umstellung auf MySQL nicht zu aufwendig, wenn man die daraus resultierenden Vorteile berücksichtigt.

Mit ‚phpMyAdmin'[276] existiert ein frei erhältliches, in PHP programmiertes Web-Interface für MySQL-Datenbanken, welches unter anderem alle DDL-Befehle und SQL-Statements unterstützt und diese in einer komfortablen Benutzeroberfläche zur Verfügung stellt. Das Besondere daran ist, daß auch die Ausgaben des MySQL Servers im Web-Interface dargestellt werden und die Kommandozeile somit vollständig ersetzt wird.

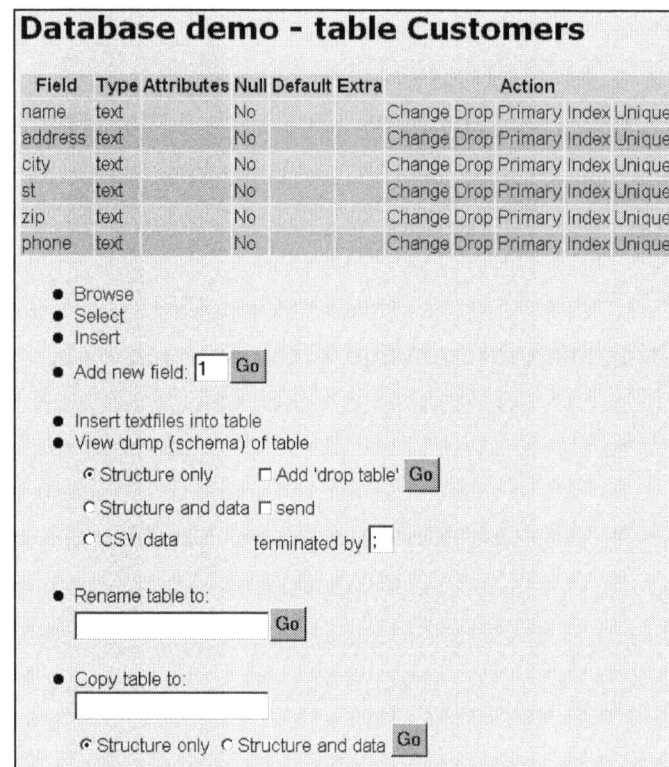

Abb. 35)[277] Das phpMyAdmin-Demo Interface

Zeigt das phpMyAdmin-Demo Interface, mit dem Tabellen angezeigt und strukturell geändert werden können. In diesem Formular wird nur eine kleine Auswahl aus dem Funktionsumfang dargestellt. Die Funktion Change entspricht z.B. dem ALTER-Befehl, mit dem die Felder der dargestellten Tabelle hinsichtlich Name oder Typ geändert werden können. Außerdem lassen sich Felder löschen (Drop) oder als Primärschlüssel definieren (Primary). Darüber hinaus sind sogar Kommandos möglich, die eine ganze Tabelle betreffen, wie z.B. das Umbenennen (Rename) oder Kopieren (Copy).

---

[274] MySQL kann unter Windows als Service installiert werden.
[275] Die z.B. in MS-Access als Module vorliegenden Funktionen werden, wenn ein bestehendes MS-Access Projekt als Web-Applikation umgeschrieben wird, als Funktionen in ASP implementiert.
[276] Vgl.: o.V.: *http://phpwizard.net/phpMyAdmin/* · Stand: 03.02.2000
[277] Quelle: o.V.: *http://www.phpwebdev.com/phpMyAdmin-demo/tbl_properties.php3?server=1&db=demo&table=Customers* · Stand: 03.02.2000

```
Database demo - table Customers

# phpMyAdmin MySQL-Dump
# http://phpwizard.net/phpMyAdmin/
#
# Host: localhost Database : demo
# --------------------------------------------------
#
# Table structure for table 'Customers'
#
CREATE TABLE Customers (
    name text NOT NULL,
    address text NOT NULL,
    city text NOT NULL,
    st text NOT NULL,
    zip text NOT NULL,
    phone text NOT NULL
);
```

Abb. 36)[278] MySQL-Ausgabe

Zeigt die MySQL-Ausgabe wenn man den Befehl ‚View dump; Structure Only' ausführt. Das entspricht dem SQL-Befehl DESC[279], der alle Felder einer Tabelle mit Feldnamen und Feldtypen ausgibt.
Für die Online-Wartung einer Datenbank ist dies eine besonders nützliche Funktion.

Schwachstellen

Obwohl nun ein komfortables System zur Verfügung steht, das vor allem die Problematik des Medienbruchs behebt, bleibt eine Anforderung unerfüllt: die Flexibilität der Formulare.

Im Bereich Dozentenbewertung (Teaching Evaluation) gibt es z.B. mit den **Mon**ash **Que**stionnaire **S**eries on **T**eaching (MonQueST)[280] eine Reihe von Frage-Sets[281], die auf spezifische Aspekte des Lehrens ausgelegt sind. Wenn ein Anbieter für eine Bewertungsperiode ein anderes Frage-Set oder sogar kursspezifische Frage-Sets wie z.B. für Hauptfächer, Wahlfächer oder Sprachkurse benutzen will, ist er auf den Entwickler angewiesen. Dieser muß dann die Tabellen der Datenbank entsprechend erweitern und den ASP-Code so umschreiben, daß die neuen Frage-Sets unterstützt werden. Um eine Web-Applikation wie z.B. CEweb erfolgreich als Software-Paket verkaufen zu können, muß insbesondere der Entwickler zur Laufzeit entbehrlich sein und der Käufer des Pakets in die Lage versetzt werden, Veränderungen seines Angebots selbst durchführen zu können. Aus Kostengründen gilt dieses im übrigen auch für hauseigene Lösungen, wenn der Entwickler als Angestellter des Anbieters jederzeit erreichbar ist.

---

[278] Quelle: o.V.: *http://www.phpwebdev.com/phpMyAdmin-demo/tbl_properties.php3?server=1&db=demo&table=Customers* · Stand: 03.02.2000
[279] Vgl.: Cox T.B.: ORACLE Workgroup Server Handbook; Oracle Press; Berkeley; 1995, S.235ff
[280] Vgl.: Monash University: *http://www.adm.monash.edu.au/ched/teu/MonQueST/monquest.html* · Stand: 03.02.2000
[281] Ein Frage-Set ist eine Menge von Fragen, die unterschiedlichen Typs sein können. Ein Frage-Typ bezeichnet die Art der Antwort, die auf die Frage gegeben wird. So gibt es den Noten-Typ (Antwort: 1-6; 1-10; sehr gut – ungenügend), den ‚Ja/Nein'-Typ (Antwort: Wahr/Falsch, Ja/Nein) oder den ‚Auswahl'-Typ (Antwort aus vorgegebenem Wertebereich, z.B. Rot, Grün, Gelb).

Lösungsansatz

In den vorherigen Abschnitten sind nur Veränderungen an der Datenbank behandelt worden. Jetzt stellt sich die Frage, wie eine Web-Applikation gestaltet sein muß, die sich sozusagen ‚selbst entwickeln' kann, denn das Erscheinungsbild einer Web-Applikation wird im wesentlichen durch Formulare bestimmt. Gerade diese Formulare sind es aber, die vom Anbieter mittels Web-Formularen geändert werden sollen. Insofern wird die Applikation durch sich selbst verändert.

Um auf das Beispiel ‚Teaching Evaluation' zurückzukommen, will man unterschiedliche Sets von Fragen wie in einem Baukasten einsetzen bzw. austauschen können. Die modulare Web-Datenbank ist eine solche Applikation, die nach dem Baukastenprinzip funktioniert.

4.4 **Stufe III: Modulare Lösung**

Das Prinzip der modularen Web-Datenbank ergibt sich unmittelbar aus den Anforderungen: Der Anbieter soll Formulare ändern können, ohne dabei auf den ASP-Code zugreifen zu müssen. Wenn der ASP-Code nicht variabel ist, muß die Lösung daher auch hier Datenbank-seitig geleistet werden. Wie dies zu realisieren ist, läßt sich am Beispiel der Speicherung von Formulardaten in CEweb zeigen.

Schwachstelle

Die Noten aus dem Bewertungsformular (vgl. Abb. 21) werden (wie in Abb. 26 gezeigt) als einzelne Felder in der Tabelle 'Bewertung' abgelegt.

Bewertung : Table

Field Name	Data Type	Description
ID	AutoNumber	
Token	Number	zufallsgenerierte Identifikation zur anonymen wahl
KursNr	Number	bewertete veranstaltung
Note1	Number	Artikulationsvermögen:
Note2	Number	Fachkompetenz:
Note3	Number	Motivation des Dozenten:
Note4	Number	Gesprächsbereitschaft:
Note5	Number	Erreichbarkeit ausserhalb des Kurses:
Note6	Number	Strukturierung des Kurses
Note7	Number	Lernziele:
Note8	Number	Wurden die vorgegebenen Lernziele erreicht
Note9	Number	Medieneinsatz:
Note10	Number	Qualität des Kursinhalts:
Note11	Number	Verwendung aktueller praktischer Beispiele:
Note12	Number	Verbindung von Theorie und Praxis:
Note13	Number	GESAMTNOTE FÜR DEN KURS:
Note14	Number	GESAMTNOTE FÜR DEN DOZENTEN:
Bemerkung1	Memo	Was hat Ihnen an dem Kurs gefallen ?
Bemerkung2	Memo	Was hat Ihnen an dem Kurs nicht gefallen (Verbesserungsvorschläge)?

Field Properties

Abb. 37) Die Tabelle ‚Bewertung' aus CEweb in MS-Access 2000.

Diese Tabelle (Abb. 37) ist jedoch auf die Speicherung eines ganz bestimmten Frage-Sets zugeschnitten, nämlich eines mit vierzehn Noten- und zwei Memo-Feldern.

Ein anderes Frage-Set könnte z.B. nur 5 Notenfelder, aber dafür mehr Memo-Felder für Bemerkungen oder sogar völlig neue Frage-Typen, wie z.B. ‚Ja/Nein'- oder ‚Aus-wahl'-Fragen beinhalten.

Obwohl es naheliegend ist, die Tabelle ‚Bewertung' um alle potentiellen Typen zu er-weitern, damit jede Antwort auf eine Frage adäquat gespeichert werden kann, ist die Maßnahme nicht empfehlenswert. Jeder durch einen Bewertungsvorgang verursachte Eintrag würde in der Tabelle nur einen Bruchteil der vorgesehenen Felder benutzen und damit viel Speicherplatz verschenken. Bei mehreren tausend Bewertungen in-nerhalb einer Bewertungsperiode ist das eine nicht akzeptable Ressourcenver-schwendung.

Lösungsansatz

Die Idee ist daher, die Frage-Typen (vgl. Abb. 38) selbst als Tabellen zu definieren und Frage-Set nicht mehr im ASP-Code ‚hart' zu codieren, sondern in der Datenbank zu definieren. Zu diesem Zweck werden Frage-Sets in einer gesonderten Tabelle ge-speichert (vgl. Abb. 39).

FrageTypJaNein : Table

Field Name	Data Type	Description
ID	AutoNumber	
Text	Text	Wollen Sie weiterhin an diesem Kurs teilnehmen ?
Antwort	Yes/No	Wollen Sie weiterhin an diesem Kurs teilnehmen ?

FrageSet : Table

Field Name	Data Type
ID	AutoNumber
Überschrift	Text
Titel	Text
Typ1	Number
Typ2	Number
Typ3	Number
Typ4	Number
Typ5	Number
Typ6	Number
Typ7	Number
Typ8	Number
Typ9	Number
Typ10	Number

Abb. 38) Frage-Typ Tabelle.

Zeigt die Tabelle ‚FrageTypJaNein' für eine Frage vom Typ ‚Ja/Nein', mit Fra-ge-Text und Antwort-Feld.
Die modulare Bauweise basiert auf die-sen Frage-Typen, die als Module in ei-nem Frage-Set verwendet werden.

Abb. 39) Frage-Set Tabelle

Zeigt die Tabelle ‚FrageSet' für Sets mit bis zu 10 verschiedenen Frage-Typen. D.h. mit einem Frage-Set können bis zu 10 Fragen, die in Frage-Typ Tabellen definiert sind, referenziert werden.

Unterschiedliche Frage-Sets werden aus einzelnen Frage-Typen zusammengesetzt. Das heißt, jeder Fragen-Typ hat eine eindeutige Nummer[282], die in einem Frage-Set als Referenz verwendet wird. Ist ‚Typ1' in einem Eintrag der ‚FrageSet' Tabelle z.B. auf den Wert ‚1' und ‚Typ2' auf ‚2' gesetzt, so ist die erste Frage vom Typ ‚Ja/Nein' und die zweite vom Typ ‚Note'. Entscheidend ist, daß der ASP-Code so umgeschrieben wird, daß für jede Frage per Funktionsaufruf, bei dem die Nummer des Frage-Typs übergeben wird, der Typ-spezifische Code generiert wird. Für eine Frage vom Typ ‚Ja/Nein' bedeutet das z.B. die Anzeige des Frage-Textes - so wie er in der Tabelle ‚FrageTypJaNein' definiert ist - und zweier ‚Radio'-Buttons für die Antworten ‚Ja' und ‚Nein'. Natürlich lassen sich die Typen auch erweitern, um unterschiedliche Sprachen zu unterstützen. Insgesamt wird das Erscheinungsbild und die Funktionalität eines Bewertungsformulars vollständig durch das ‚Frage-Set' bestimmt.

Modular wird eine solche Web-Datenbank also insofern, als sie dem Anbieter gestattet, Frage-Sets aus einzelnen Modulen - den Frage-Typen - individuell zusammenzustellen. Auch wenn die Funktionalität eines Frage-Typs nicht gekapselt ist, drängt sich die Parallele zur objektorientierten Programmierung insofern auf, als der Frage-Typ doch zumindest über die in ASP codierten Funktionen seine eigene Erscheinung und Funktionalität bestimmt.

---

[282] Z.B. ‚1' für den ‚Ja/Nein'-Typ, ‚2' für den ‚Noten'-Typ.

Die modulare Web-Datenbank im Einsatz

Das Prinzip der modularen Web-Datenbank wird zur Zeit in einem Pilotprojekt am Center for Instructional Technology (CIT)[283] der James Madison University (JMU)[284], Virginia, U.S.A. eingesetzt. Es handelt sich dabei um eine Web-Applikation zur Abwicklung von Prüfungen (Online Exams).

Abb. 40) Login Screen des Internet Based Exams & Exercises (ibex)

Die gesamte Verwaltung der Prüfungen geschieht über ein Web-Interface. Der Zugang zum Interface ist mit den an der Universität vorhanden Benutzerkonten (User-Accounts) gekoppelt (vgl. Abb. 40). Der Entwickler (Administrator) vergibt Benutzerrechte (User-Privileges) an bestimmte Benutzergruppen (User-Groups) wie z.B. die Gruppe der Dozenten, die Prüfungen anlegen und verwalten dürfen. Insofern sind die Dozenten die Anbieter und die Studierenden die Anwender.

Neben der Benutzerverwaltung, die es im übrigen auch erlaubt, Co-Autoren[285] zu definieren, sind es vor allem die Verwaltung von Übungseinheiten (Exercise Sets, (vgl. Abb. 41 und Abb. 42)) und Prüfungen (Exams), die über das Interface erfolgen. Eine Übungseinheit entspricht in der bekannten Notation einem Frage-Set, mit Fragen von möglicherweise unterschiedlichem Typ. Das System unterstützt bisher die folgenden Frage Typen: ‚Multiple Choice', ‚Multiple Choice / Multiple Answers', ‚Numeric' und ‚Fill in blank' (vgl. Abb. 44) mit automatischer Ergebnisauswertung, sowie ‚One-Line Text', ‚Multiple-Line Text' und ‚Whiteboard', die manuell ausgewertet werden müssen.

---

[283] Center for Instructional Technology: *http://cit.jmu.edu* · Stand: 03.02.2000
[284] James Madison University: *http://www.jmu.edu* · Stand: 03.02.2000

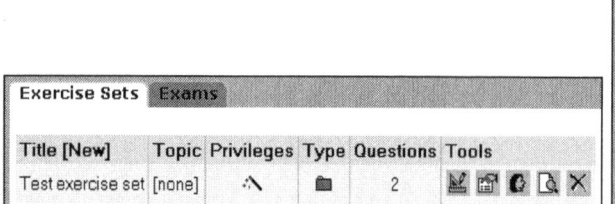

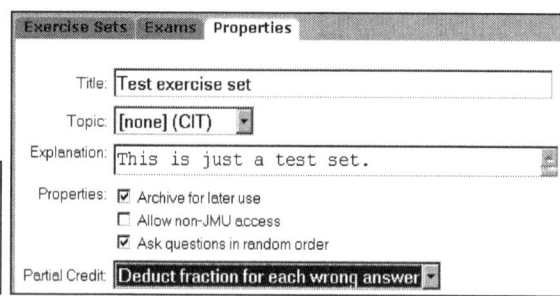

Abb. 41) Beispiel: Exercise Sets

*Ein Exercise Set besteht aus einer Anzahl von Fragen zu einem bestimmten The-
mengebiet, die als Komplex behandelt werden.*
*(Im Vergleich mit CEweb entspricht ein Excercise Set einem Frage-Set wie in Abb. 21
bzw. Abb. 39)*

Abb. 42) Beispiel: Details zum Exercise Set

*Zusätzlich können bei jedem Exercise Set Eigenschaften angepaßt werden. Z.B. zu
welchem Bereich das Exercise Set gehört oder ob es als Prüfungsleistung angerech-
net wird (Credits).*

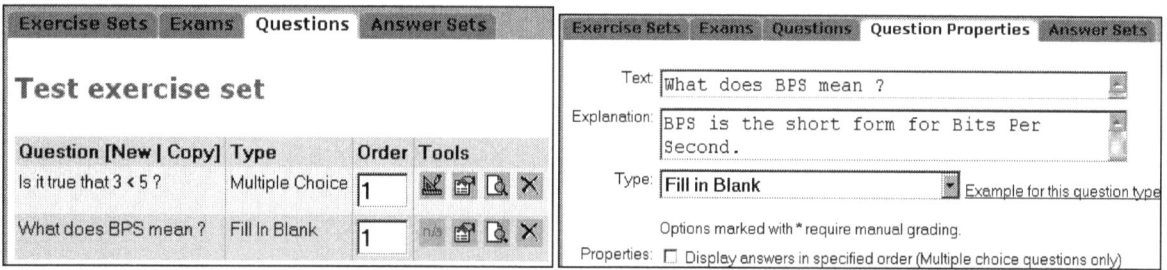

Abb. 43) Beispiel: Fragen aus dem Exercise Set

Abb. 44) Beispiel: Details zur Frage 2 aus dem Exercise Set.

*Die Frage 2 ist vom Typ ‚Fill in blank'. Neben der eigentlichen Frage beinhaltet sie
auch die Erklärung zur Antwort. Der Typ ‚Fill in blank' bedeutet, daß die Antwort des
Kandidaten automatisch mit einer Reihe richtiger Antworten verglichen wird.*
*(Im Vergleich mit CEweb entsprechen die Frage-Eigenschaften (Question Properties)
der Datenblattansicht eines Eintrags in einer Frage-Typ Tabelle wie in Abb. 38)*

---

[285] Ein Co-Autor ist ein Benutzer, der von einem anderen Benutzer das Recht erhalten hat, seine Ü-
bungseinheiten bzw. Prüfungen zu verwalten oder zu benutzen. So kann z.B. ein Professor seinen
Assistenten diese Co-Autor-Rechte geben.

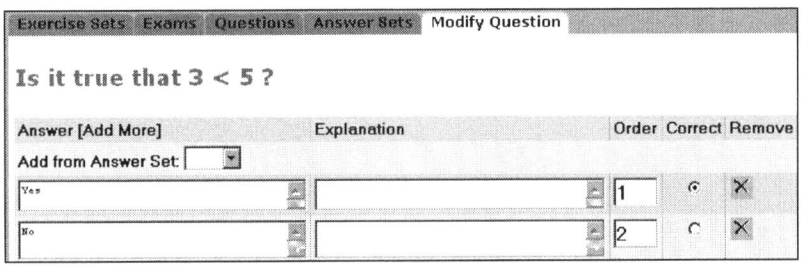

Abb. 45) Beispiel: Antworten zu einer ‚Multiple Choice' Frage.

Um eine automatische Auswertung der Fragen zu ermöglichen, müssen die richtigen Antworten zu jeder Frage vorgegeben werden.

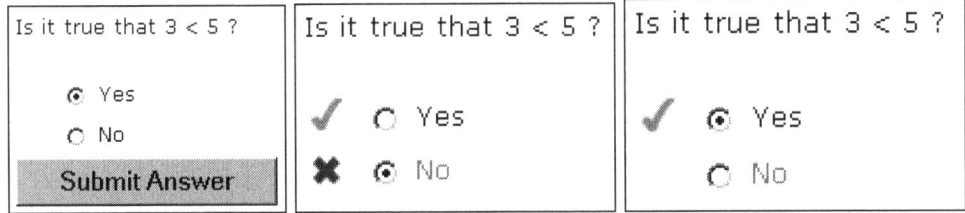

Abb. 46) Vorschau einer ‚Multiple Choice' Frage (Bild 1-3).

Die Vorschau zu obiger ‚Multiple Choice' Frage zeigt einen Formularausschnitt mit dem Antwort-Feld und die automatische Auswertung der Antwort. Falls der Proband die Frage in Bild 1 mit ‚No' beantwortet, markiert das System die Antwort mit einem roten Kreuz als falsch (Bild 2). Anwortet der Proband dagegen mit ‚Yes', so markiert das System die Antwort mit einem grünen Haken als richtig (Bild 3).

An dieser Stelle wird die Parallele zur objektorientierten Programmierung erneut deutlich, denn jeder Frage-Typ beschreibt seine eigene Funktionalität im Hinblick auf die Auswertung von Antworten.

Ein Exercise Set kann schließlich als Exam (Abb. 47) freigegeben werden. Dazu gehört auch die Angabe von Zeitfenstern (siehe Abb. 48; Time limit) und Login-Informationen[286], damit sich die Probanden beim System anmelden und ihre Leistung erbringen können, sowie weitere Einstellungen zum Prüfungsablauf.

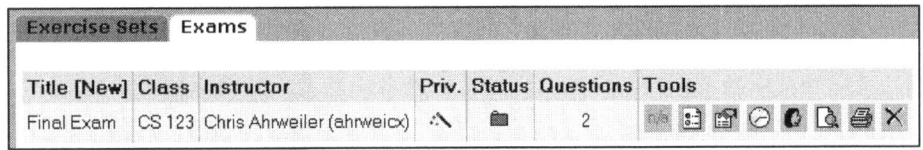

Abb. 47) Beispiel: Exam

Ein Exam entspricht einem Exercise Set, das als Prüfung freigegeben ist.

---

[286] Die Rückkopplung hinsichtlich der Berechtigung zur Prüfung kann über die bestehende Benutzerdatenbank erfolgen.

58

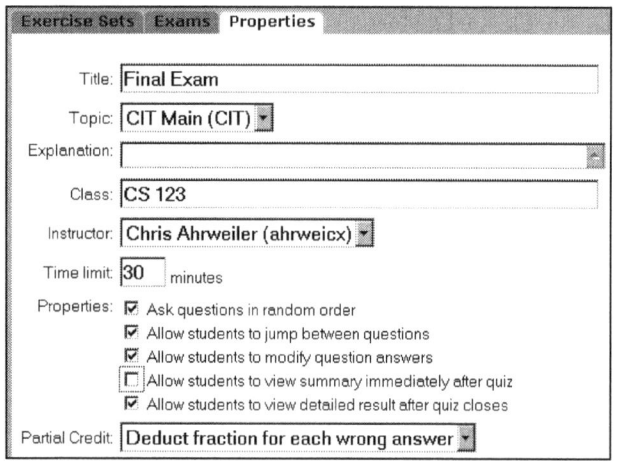

Abb. 48) Beispiel: Exam Details

Neben dem Exercise Set können die Eigenschaften des Exams angepaßt und damit Art und Ablauf der Prüfung festgelegt werden.

Für jede Frage im Exam wird vom System ein Frage-Typ-spezifisches Formular generiert, wie hier z.B. für zwei ‚Multiple Choice'- und eine ‚Fill in blank'-Frage. Zu jeder Zeit kann der Probant über das Summenzeichen (S) eine aktuelle Auswertung der Ergebnisse einsehen (Abb. 49), vorausgesetzt, der Prüfer hat Frage-Typen gewählt, bei denen eine maschinelle Auswertung möglich ist.

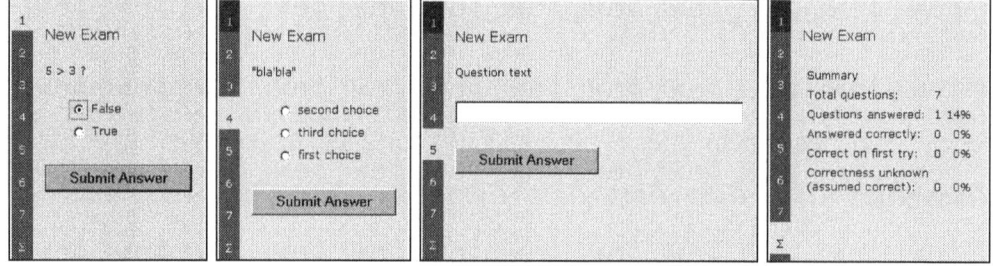

Abb. 49) Vorschau: Antwort-Serie

Die Verwirklichung der modularen Web-Datenbank in diesem Projekt gibt dem Prüfer die Möglichkeit, eine Prüfung vollständig digital und über eine einzige Web-Site durchzuführen. Er legt einen Satz von Fragen an, versieht diese mit den richtigen Antworten und Erklärungen, definiert eine Prüfung und gibt diese für einen Termin frei. Die Studierenden können sich zu diesem Termin anmelden und ihre Prüfung ablegen. Danach kann der Prüfer eine Leistungs-Statistik und die individuellen Ergebnisse einsehen bzw. die nicht automatisch auswertbaren Fragen manuell korrigieren.

Nachdem eine Vorgänger-Version der ‚Online Exams' bereits mit einem Kurs erfolgreich getestet wurde, plant das CIT für diesen Sommer den Einsatz der neuen, modularen Version bei einer rechtsgültigen Prüfung.

5. Abschließende Betrachtung

5.1 Ausblick

Obwohl es sich beim modularen Prinzip um einen konzeptionell neuen Ansatz handelt, impliziert seine Anwendung nicht automatisch die Notwendigkeit einer Neuentwicklung. Durch den modularen Aufbau ermöglicht es vielmehr auch die Umsetzung in bereits existierenden Datenbank-Anwendungen. So wäre ein Update der in Kapitel 4.2 und 4.3 beschriebenen Datenbank zur Dozentenbewertung mit relativ wenig Aufwand zu realisieren. Dazu müßten von der Bewertungs-Tabelle unterschiedliche Varianten als Frage-Typen angelegt und die Veranstaltungs-Tabelle durch ein Frage-Typ-Feld erweitert werden. Im ASP-Code fehlen dann lediglich die zu den einzelnen Frage-Typen gehörigen Funktionen zur Darstellung der Fragen sowie die Funktion zur selektiven Speicherung der Antworten in den entsprechenden Frage-Typ-Tabellen.

Denkt man insbesondere daran, auch Sprachdozenten oder Verwaltungsmitarbeiter bewerten zu lassen, wird die Notwendigkeit flexibler Frage-Sets deutlich, weil diese nach anderen Kriterien beurteilt werden müssen. Was in der aktuellen Version der Dozentenbewertung viel Entwicklungsarbeit bedeuten würde, wäre in einer modularen Variante mit einigen Mausklicks vom Anwender zusammengestellt.

Darüber hinaus stellt das modulare Prinzip die beste Voraussetzung für die maschinelle Auswertung der Ergebnisse dar. Wie bereits in Kapitel 4.3. beschrieben wurde, ist bei bestimmten Frage-Typen die Eingabe von Standard-Antworten möglich, die vom System ausgewertet werden können. Die Funktionalität muß wiederum im ASP-Code implementiert sein.

Vergleichbar dazu ließen sich bei der Dozentenbewertung die Eingaben statistisch auswerten und die Bewertungsbogen Online erstellen. Würde man die Dozenten mit entsprechenden Zugriffsrechten ausstatten, könnten sie die Ergebnisse wie bei einem

Stimmungsbarometer in Echtzeit verfolgen und ggf. direkt über den Browser speichern oder ausdrucken.

Schließlich könnte man durch die online Generierung der Tokens ganz auf eine OFF-LINE-Lösung verzichten. Dazu wäre eine Benutzerverwaltung einzurichten, die eine einmalige Generierung von Tokens nur für autorisierte Anwender ermöglicht, bei der das Token also von der Identität des Anwenders entkoppelt bleibt.

5.2 Fazit

Zusammenfassend bietet die auf der Internet-Technologie aufbauende Applikationsentwicklung wesentliche Vorteile gegenüber der herkömmlichen Anwendungsprogrammierung. Web-Applikationen sind global verfügbar, bezüglich Zeit und Ort des Gebrauchs unlimitiert und über ein einziges Interface - den Browser - bedienbar. Darüber hinaus hat die Standardisierung bei den Beschreibungssprachen und Datenbankschnittstellen die Softwareentwicklung erleichtert und die Portierbarkeit erhöht. Die Voraussetzungen, zukünftige Applikationen direkt für das World Wide Web und nicht mehr Betriebssystem-spezifisch zu programmieren sind vorhanden. Damit ist eine neue Ebene der Applikationsentwicklung erreicht. So lassen sich auch die umfangreichen Datenbestände aus legacy systems - die vorwiegend in relationalen Datenbanken vorliegen - integrieren und die hohen Anforderungen erfüllen, die sich durch E-Commerce ergeben.

Mit den neuen Möglichkeiten ändert sich allerdings auch das Nutzerverhalten. Die Anwender erwarten ständige Verfügbarkeit von Web-Applikationen; mit der Konsequenz, daß weder Entwickler noch Anbieter diese Applikationen isoliert bedienen oder warten können. Folglich bedarf es für deren Tätigkeit besonderer Werkzeuge, um Manipulationen ONLINE durchführen zu können.

Mit dem phpMyAdmin Interface (vgl. Abb. 35,36) und der modularen Web-Datenbank wurden solche Werkzeuge vorgestellt und verdeutlicht, daß auch diese Anforderungen erfüllt werden können.

Wahrscheinlich werden bald nicht nur kleine Applikationen, sondern ganze Office-Pakete als Web-Applikationen über Browser zugänglich sein, womit sich auch die Thematik der Betriebssystem-abhängigen Softwareentwicklung relativiert.

Literaturverzeichnis

Achtert W.: Datenbank und Webserver in einem; Datenbank Fokus, 07/98

Barrett D., Livingston D., Brown M.: JavaScript – for web professionals; New Jersey; 1999

Baumeister J.: Applikationsentwicklung für das Web; it FOKUS 9·99

Baumeister J.: Komponentenverbund für das Web; it FOKUS 1·99

Cox T.B.: ORACLE Workgroup Server Handbook; Oracle Press; Berkeley; 1995

Davis S.R.: Learn Java Now; Redmond; 1996

Flanagan D.: Java in a nutshell; O'Reilly; 2nd Edition; 1997

Goldmann S.: Datenbankanbindung mit FrontPage 2000; INTERNET-PROFESSIONAL; 8/99

Goldmann S.: Menu à la carte; INTERNET-PROFESSIONAL; August 1999

Hermelink J., von Stein G.: Von SQL nach HTML; Gateway; November 1997

Heuer A., Saake G.: Datenbanken, Konzepte und Sprachen; 1997

Heuer A.: Objektorientierte Datenbanken, Konzepte, Modelle, Systeme; Addison-Wesley; 1992

Hillier S., Mezick D.: Active Server Pages – Programmierung; Microsoft Press; 1997

Janning T., Jakfeld C., Schöneborn I.: Java erobert den Server; it FOKUS 1·99

Kalakota R.: GSU - Center for Digital Commerce; U.S.A.

Kaltenbach T., Reetz U., Woerrlein H.: Das große Computer Lexikon; Frankfurt a.M.; 1990

Krause J.: MS SQL Server 7.0 im Webserver; Hanser Verlag; 1999

Kübler M.: Web Design; dpunkt.verlag; Heidelberg; 1999

Labs L.: GerNet: FTN-Teil wird abgeschaltet; c't; 1999; Heft 26

Ladd E., O'Donnell J.: Using HTML 3.2, Java 1.1, and CGI; Plantinum Edition; 1996

Livingston D., Brown M.: CSS & DHTML for Web Professionals; 1999

Manger R.: Unternehmensweiter Datenbankzugriff; it FOKUS 1·99

Menge R.: XML an allen Ecken; c't; 1999; Heft 8

Meyer P.W.: Integrierte Marketing-Funktionen; Kohlhammer; 4. Aufl.; 1996

Microsoft: Microsoft Peer Web Server - Online Documentation

Misgeld W.: SQL Einstieg und Anwendung; Wien; 1991

Nolden M.: FrontPage2000; Düsseldorf; 1999

o.V.: Der R/3-Unterbau; E/3 Managing R/3; 10/99; S.87

o.V.: PowerNow! Distribution GmbH; Berlin

Plachy J., Schmidt J.: Dynamischer Service; c't 2000; Heft 2

Puscher F.: Die Tricks der Internet-Künstler; dpunkt.verlag; Heidelberg; 1999

Quelle: Plachy J., Schmidt J.: Dynamischer Service; c't 2000; Heft 2

Quigley E.: PERL by Example; 1995

Reinbold H.: Extensible Markup Language; it FOKUS 2·99

Rolland F.D.: Relational Database Management with Oracle; Addison-Wesley; 1990

Roller S.: SQL oder Volltextdatenbank ? - Wer suchet, der findet ...; it FOKUS 9·99

Ruley J.D., Methvin D., Henderson T., Heller M.: Networking Windows NT 4.0; 1997

Rumbaugh J. et al.: Object-Oriented Modeling and Design; New York; 1991

Schlabach T.: Synchronisation von verteilten Datenbeständen; it FOKUS 1·99

Schlöter M.: Aktive Mini-Toolbox; web-master; September 1998

Schlöter M.: Königswege zum aktiven Server; web-master; Juli/Aug. 1998

Simon M.; Datenbankbasierte Java-Anwendungen; it FOKUS 3·99

Stahlknecht: Einführung in die Wirtschaftsinformatik; Springer Verlag; 5. Aufl.

Taylor A.: Beyond JDBC; Intelligent ENTERPRISE; 4/99

van der Lans R.F.: Das SQL Lehrbuch; Addison-Wesley; 1989

van der Lans R.F.: The SQL Standard, A complete Reference; 1989

Vossen G.: Datenmodelle, Datenbanksprachen und Datenbank-Management-Systeme; 2.
   Auflage; Addison-Wesley; 1994

Wall L., Schwartz R.L.: Programming perl; O'Reilly; 1991

Walther S. et al.: Active Server Pages 2.0 – UNLEASHED; 1999

Walther S.: Active Server Pages UNLEASHED; First Edition; 1998

Weissinger A.K.: ASP in a nutshell; O'Reilly; Sebastopol; 1999

Zierl M.: Flexibles Styling; INTERNET-PROFESSIONAL; August 1999

Zierl M.: HTML-Nachfolger; INTERNET-PROFESSIONAL; August 1999

Amazon.com: http://www.Amazon.com · Stand: 07.02.2000

Amazon: http://www.amazon.com · Stand: 03.02.2000

Apache: http://java.apache.org/jserv/ · Stand: 03.02.2000

Apache: http://www.apache.org/httpd.html · Stand: 03.02.2000

ARD Tagesschau: http://www.tagesschau.de · Stand: 03.02.2000

ATEC-Software: http://www.modular.cx/CEweb.html · Stand: 03.02.2000

ATEC-Software: http://www.modular.cx/DoBe · Stand: 03.02.2000

Books on Demand: http://www.bod.de · Stand: 03.02.2000

c't: http://www.ct.heise.de/newsticker/archiv/1999.shtml · Stand: 03.02.2000

Center for Instructional Technology: http://cit.jmu.edu · Stand: 03.02.2000

Center for Instructional Technology: http://cit.jmu.edu/ibex/manager/ · Stand: 12.02.2000

Cisco: http://www.cisco.com · Stand: 03.02.2000

CNET: http://shareware.cnet.com/ und http://www.download.com · Stand: 03.02.2000

Developer Shed: http://www.devshed.com/Client_Side/XML/Introduction · Stand: 03.02.2000

Developer Shed: http://www.devshed.com/Server_Side/MySQL/ · Stand: 03.02.2000

European Business School: http://www.ebs.de · Stand: 03.02.2000

European Business School: http://www.ebs.de/Wir_ueber_uns/Veranstaltungen.asp
   · Stand: 03.02.2000

64

Golem Network News: http://www.gnn.de/0001/00012710-ji.html · Stand: 03.02.2000

Golem Network News: http://www.gnn.de/gnncgi/subscrib.exe · Stand: 03.02.2000

Henning B.: http://www.heise.de/ix/artikel/1997/07/162/artikel.html · Stand: 03.02.2000

Hewlett-Packard: http://www.hp.com/cposupport/eschome.html · Stand: 03.02.2000

http://hotwired.lycos.com/webmonkey/99/21/index2a.html · Stand: 06.02.2000

http://phpwizard.net/phpMyAdmin/ · Stand: 03.02.2000

http://www.alphaworks.ibm.com/formula/dynamicxmlforjava · Stand: 03.02.2000

http://www.devshed.com/ · Stand: 03.02.2000

http://www.devshed.com/Client_Side/DHTML/ · Stand: 03.02.2000

http://www.fidonet.org/ · Stand: 06.02.2000

http://www.Hotmail.com · Stand: 06.02.2000

Intermedia: http://www.intermedia.net/hosting_planc.asp · Stand: 03.02.2000

Iomega: http://www.iomega.com/software/index.html · Stand: 03.02.2000

James Madison University: http://www.jmu.edu · Stand: 03.02.2000

Lycos: http://hotwired.lycos.com/webmonkey/99/21/index2a.html · Stand: 03.02.2000

Lycos: http://hotwired.lycos.com/webmonkey/99/21/index2a.html?tw=programming
· Stand: 03.02.2000

Lycos: http://hotwired.lycos.com/webmonkey/backend/tutorials/tutorial3.html · Stand: 03.02.2000

Macromedia: http://www.macromedia.com/ · Stand: 03.02.2000

Microsoft: http://msdn.microsoft.com/vinterdev/default.asp · Stand: 03.02.2000

Microsoft: http://msdn.microsoft.com/workshop/server/components/catalog.asp · Stand: 03.02.2000

Microsoft: http://search.support.microsoft.com/kb/c.asp?FR=0&SA=GN&LNG=ENG
· Stand: 03.02.2000

Microsoft: http://www.microsoft.com/frontpage · Stand: 03.02.2000

Microsoft: http://www.Microsoft.com/ie · Stand: 03.02.2000

Mobidig: http://www.mobidig.net/users/m.php · Stand: 03.02.2000

Monash University: http://www.adm.monash.edu.au/ched/teu/MonQueST/monquest.html
· Stand: 03.02.2000

MySQL: http://www.mysql.com/ · Stand: 03.02.2000

Netscape: http://home.netscape.com/servers/ · Stand: 03.02.2000

Netscape: http://www.netscape.com/ · Stand: 03.02.2000

o.V.: http://www.dental.pitt.edu/cfdocs/cfml_language_reference/1_Welcome_to_ColdFusion/
lr1.htm · Stand: 02.02.2000

o.V.: http://www.opensource.org/ · Stand: 03.02.2000

o.V.: http://www.php.net · Stand: 03.02.2000

o.V.: http://www.php.net/tut.php3 · Stand: 03.02.2000

o.V.: http://www.phpwebdev.com/phpMyAdmin-
demo/tbl_properties.php3?server=1&db=demo&table=Customers · Stand: 03.02.2000

o.V.: http://www.trainersfriend.com/O101descrpt.htm · Stand: 02.02.2000

Opera: http://www.opera.com/ · Stand: 03.02.2000

Real: http://www.realplayer.com/ · Stand: 03.02.2000

Rheinische Post: http://rp-online.de · Stand: 03.02.2000

SAP: http://www.sap-ag.de/germany/press/pr_ber.asp?ID=252 · Stand: 03.02.2000

SGI: http://www.sgi.com · Stand: 03.02.2000

Spencer K.: http://www.reallybig.com/kevin/980724/kevin724.htm · Stand: 03.02.2000

Sun: http://java.sun.com/ · Stand: 03.02.2000

Sun: http://java.sun.com/beans/ · Stand: 03.02.2000

Sun: http://java.sun.com/docs/books/tutorial/ · Stand: 03.02.2000

Sun: http://java.sun.com/products/jsp/ · Stand: 03.02.2000

Sun: http://java.sun.com/products/jsp/docs.html · Stand: 03.02.2000

Sun: http://java.sun.com/products/servlet/index.html · Stand: 03.02.2000

Sun: http://jserv.java.sun.com/products/java-server/servlets/index.html · Stand: 03.02.2000

University of California, Irvine: http://www.irc.uci.edu/ucideas/stef.html · Stand: 08.02.2000

Webopedia: http://webopedia.internet.com/TERM/A/ActiveX.html · Stand: 03.02.2000

Webopedia: http://webopedia.internet.com/TERM/A/ADO.html · Stand: 03.02.2000

Webopedia: http://webopedia.internet.com/TERM/A/API.html · Stand: 03.02.2000

Webopedia: http://webopedia.internet.com/TERM/a/applet.html · Stand: 03.02.2000

Webopedia: http://webopedia.internet.com/TERM/C/C_plus_plus.html · Stand: 03.02.2000

Webopedia: http://webopedia.internet.com/TERM/C/CGI.html · Stand: 03.02.2000

Webopedia: http://webopedia.internet.com/TERM/c/chat.html · Stand: 03.02.2000

Webopedia: http://webopedia.internet.com/TERM/d/database_management_system_
DBMS.html · Stand: 03.02.2000

Webopedia: http://webopedia.internet.com/TERM/D/DB2.html · Stand: 03.02.2000

Webopedia: http://webopedia.internet.com/TERM/D/DLL.html · Stand: 03.02.2000

Webopedia: http://webopedia.internet.com/TERM/d/dynamic_HTML.html · Stand: 03.02.2000

Webopedia: http://webopedia.internet.com/TERM/e/event.html · Stand: 03.02.2000

Webopedia: http://webopedia.internet.com/TERM/F/FTP.html · Stand: 03.02.2000

Webopedia: http://webopedia.internet.com/TERM/h/host.html · Stand: 03.02.2000

Webopedia: http://webopedia.internet.com/TERM/H/HTML.html · Stand: 03.02.2000

Webopedia: http://webopedia.internet.com/TERM/H/HTTP.html · Stand: 02.02.2000

Webopedia: http://webopedia.internet.com/TERM/h/hypertext.html · Stand: 03.02.2000

Webopedia: http://webopedia.internet.com/TERM/I/IP_address.html · Stand: 03.02.2000

Webopedia: http://webopedia.internet.com/TERM/J/JavaScript.html · Stand: 03.02.2000

Webopedia: http://webopedia.internet.com/TERM/J/JavaSoft.html · Stand: 03.02.2000

Webopedia: http://webopedia.internet.com/TERM/J/JDBC.html · Stand: 03.02.2000

Webopedia: http://webopedia.internet.com/TERM/l/legacy_application.html · Stand: 13.02.2000

Webopedia: http://webopedia.internet.com/TERM/l/local_area_network_LAN.html
· Stand: 03.02.2000

Webopedia: http://webopedia.internet.com/TERM/m/multimedia.html · Stand: 03.02.2000

Webopedia: http://webopedia.internet.com/TERM/o/object_oriented_programming_OOP.html
· Stand: 03.02.2000

Webopedia: http://webopedia.internet.com/TERM/O/ODBC.html · Stand: 03.02.2000

Webopedia: http://webopedia.internet.com/TERM/P/PDF.html · Stand: 03.02.2000

Webopedia: http://webopedia.internet.com/TERM/R/RDBMS.html · Stand: 03.02.2000

Webopedia: http://webopedia.internet.com/TERM/S/SQL.html · Stand: 03.02.2000

Webopedia: http://webopedia.internet.com/TERM/T/TCP_IP.html · Stand: 03.02.2000

Webopedia: http://webopedia.internet.com/TERM/T/Telnet.html · Stand: 03.02.2000

Webopedia: http://webopedia.internet.com/TERM/t/thread.html · Stand: 03.02.2000

Webopedia: http://webopedia.internet.com/TERM/U/URL.html · Stand: 03.02.2000

Webopedia: http://webopedia.internet.com/TERM/W/Web_server.html · Stand: 03.02.2000

Webopedia: http://webopedia.internet.com/TERM/w/wide_area_network_WAN.html
· Stand: 03.02.2000

Webopedia: http://webopedia.internet.com/TERM/W/World_Wide_Web.html · Stand: 03.02.2000

Webopedia: http://webopedia.internet.com/TERM/W/WYSIWYG.html · Stand: 02.02.2000

Whatis: http://www.whatis.com/ecommerc.htm · Stand: 14.02.2000

Word Wide Web Consortium: http://www.w3.org/MarkUp/ · Stand: 03.02.2000

World Wide Web Consortium: http://www.w3.org/TR/2000/REC-xhtml1-20000126/
· Stand: 03.02.2000

World Wide Web Consortium: http://www.w3c.org · Stand: 03.02.2000

ZDNet: http://www.zdnet.de//archiv/7d-wc.html · Stand: 03.02.2000

ZDNet: http://www.zdnet.de//internet/artikel/java/200002/dynamik02_05-wc.html
· Stand: 02.02.2000

ZDNet: http://www.zdnet.de//internet/artikel/wdm/199906/xmlvormarsch-wc.html
· Stand: 03.02.2000

ZDNet: http://www.zdnet.de//news/artikel/2000/01/13001-wc.html · Stand: 03.02.2000

ZDNet: http://www.zdnet.de/news/artikel/1998/06/24002-wf.htm · Stand: 03.02.2000

Anhang

Bookmarks zur Web-Programmierung

Beschreibung	URL
Web Programming	
DevShed - Web Development	*http://www.devshed.com/*
D e v G u r u - A Developer's Resource	*http://www.devguru.com/*
Free Programming Source Code	*http://www.freecode.com/*
Internet Services	
Netcraft Web Server Survey	*http://www.netcraft.com/survey/*
World Organization of Webmasters!	*http://www.world-webmasters.org/*
Intermedia, inc.	*http://www.intermedia.net/*
Submit It!	*http://www.submit-it.com/*
Windows NT-Server	*http://www.microsoft.com/ntserver/web/default.asp*
ASP	
ASP-db Web Database Display	*http://www.aspdb.com/demo.asp*
Microsoft Access ASP Tips	*http://bpro.com/ASP/ASP.htm*
ASP Developers Network	*http://www.aspdeveloper.net*
Active Server Pages - Reference	*http://www.activeserverpages.com*
Web Learning Center ASP	*http://www.asp-dev.ml.org*
Piedmont Professional Services	*http://ppservices.com/default_prog_asp.htm*
An ASP Hit Counter	*http://www.takempis.com/counter.asp*
ASP SuperExpert	*http://www.aspsite.com/*
Deutsches ASP Forum - AspGerman	*http://www.aspgerman.com/aspgerman*
AspTear Component	*http://www.softwing.com/iisdev/asptear/*
ASP Toolbox	*http://www.tcp-ip.com*
ASP School	*http://www.refsnesdata.no/asp*
LearnASP	*http://www.learnasp.com*
The ASP Resource Index	*http://www.aspin.com*
DHTML	
Dynamic HTML	*http://www.htmlguru.com/*
HTML	
W3C - World Wide Web Consortium	*http://www.w3.org/*
Filter to Translate RTF to HTML	*http://www.sunpack.com/RTF/rtftohtml_overview.html*
Guides to HTML	*http://union.ncsa.uiuc.edu/HyperNews/get/www/html/guides.html*
Web Hotspots	*http://www.cris.com/~automata/hotspots.shtml*
The Web Developer's Virtual Library	*http://www.stars.com/*
Java / Javascript	
HotSyte- The JavaScript Resource	*http://www.serve.com/hotsyte/*
The Definitive JavaScript Resource	*http://www.javascript.com*
JavaWorld - Java community magazine	*http://www.javaworld.com/*
JavaSoft Home Page	*http://java.sun.com/*
The Java Applet Boutique	*http://javaboutique.internet.com*
JOS - A Free Java based OS	*http://www.jos.org/*
JavaScript Features	*http://www.mcsquared.com/java.htm*
Applet Library	*http://www.anfyteam.com/anj/index.html*
JavaScript World	*http://www.jsworld.com*

PHP	
MySQL	http://www.mysql.com/
PHP Frequently Asked Questions	http://www.php.net/FAQ.php3
phpWizard.net - resources for PHP	http://www.phpwizard.net/phpMyAdmin/
DevShed - PHP3 Introduction	http://www.devshed.com/Server_Side/PHP/Introduction/page4.html
PHP Tutorial	http://www.php.net/tut.php3
PHP-MySQL Tutorial	http://hotwired.lycos.com/webmonkey/99/21/index2a.html
Deutsches PHP-Center	http://www.php-center.de
Dynamic Web-Pages	http://www.dynamic-webpages.de/index.html
Offizielle PHP-Homepage	http://www.php.net
PHP Base Library	http://phplib.netuse.de
PHP Knowledge Base	http://e-gineer.com/phpkb
Perl	
Web Form Examples with Perl	http://www.cclabs.missouri.edu/things/instruction/perl/demo/
Free Perl Scripts At The Free Well	http://www.icemall.com/free/free_perl_scripts.html
SQL	
Interactive-On-line SQL Tutorial	http://torresoft.netmegs.com/
Oracle-SQL Contents	http://kachina.kennesaw.edu/~jwarren/contents.html
Database Central	http://baobabcomputing.com/databasecentral/index.shtml
Tutorials	
Enabling Extremely Rapid Navigation	http://www.cybtrans.com/infostrc/infoaxcs.htm
Current Issues in Web Usability	http://www.useit.com/alertbox/
Frequently Asked Questions about the Extensible Markup Language	http://www.ucc.ie/xml/
Webdesign mit Photo Impact	http://www.zdnet.de/internet/artikel/wdm/199909/dimpact_00-wc.html
Webdesign mit Flash 4.0	http://www.zdnet.de/internet/artikel/wdm/199909/flash01_00-wc.html
Yale Style Guide	http://info.med.yale.edu/caim/manual/
The Pixel Foundry - Web Design	http://www.pixelfoundry.com/
Guides to HTML	http://www.hypernews.org/HyperNews/get/www/html/guides.html
VR	
Virtual Reality Technologies	http://www.vrt.de/writeus/default.asp

Web-Referenzen – ASP Implementierungen

Beschreibung	URL
Motorsport Rennstall	http://www.biswellmotorsports.com
Personal Management / Jobs Suche	http://www.apexrecruit.com.au
Telekommunikationsdienst	http://www.evisioncanada.net
Web und Software Entwicklung	http://www.sageisland.com

Beispiel für ein Formular zur Dozentenbewertung in Papierform[287]

UNIVERSITY OF CALIFORNIA, IRVINE
STANDARDIZED TEACHING EVALUATION FORM

COURSE NO:_____ INSTRUCTOR:_____ QTR/YEAR:_____

The data on these anonymous evaluations will be compiled and the information used for the instructor's merit and promotion cases, for departmental evaluations of the instructor's performance, and to improve this course.

A. Please comment on the following areas and be as specific as possible:

1. What are the instructor's teaching strengths?

2. How can this instructor improve as a teacher?

3. Any other comments about this course?

B. Please mark the appropriate rating on the letter grade scale A to F indicated below, with A indicating excellent and F indicating wholly inadequate performance. If you have no opinion on the question asked or if it does not apply, please mark NA.

1. The course instructor shows enthusiasm for and is interested in the subject.
A   A-   B+   B   B-   C+   C   C-   D   F   NA

2. The course instructor stimulates your interest in the subject.
A   A-   B+   B   B-   C+   C   C-   D   F   NA

3. The course instructor meets stated objectives of the course.
A   A-   B+   B   B-   C+   C   C-   D   F   NA

4. The course instructor is accessible and responsive.
A   A-   B+   B   B-   C+   C   C-   D   F   NA

5. The course instructor creates an open and fair learning environment.
A   A-   B+   B   B-   C+   C   C-   D   F   NA

6. The course instructor encourages students to think in this course.
A   A-   B+   B   B-   C+   C   C-   D   F   NA

7. The course instructor's presentations and explanations of concepts were clear.
A   A-   B+   B   B-   C+   C   C-   D   F   NA

8. Assignments and exams covered important aspects of the course.
A   A-   B+   B   B-   C+   C   C-   D   F   NA

9. What overall grade would you give this instructor?
A   A-   B+   B   B-   C+   C   C-   D   F   NA

10. What overall grade would you give this course?
A   A-   B+   B   B-   C+   C   C-   D   F   NA

11.
A   A-   B+   B   B-   C+   C   C-   D   F   NA   Do not fill out
                                                      unless instructed.
12.
A   A-   B+   B   B-   C+   C   C-   D   F   NA

C. Please answer:

13. Based on completed assignments thus far, what is your current course grade or approximate standing? Please mark one.
A   B   C   D   F   NA

14. How much academic dishonesty seemed to occur in this course? If applicable, please describe the type of academic dishonesty that occurred (not the particular students involved).
A lot   Some   A little   None I could discern

Examples:

15. How helpful were the textbooks and/or readings to your overall learning experience?
Very   Adequately   Somewhat   Not at all

16. How challenging was this course?
Very   Adequately   Somewhat   Not at all

Thank you for helping to increase teaching excellence at UCI!

SCANTRON   FORM NO. F-10470-UCI   SCANTRON CORPORATION 1996 ALL RIGHTS RESERVED   PC7· 4396-221-6 4 3 2 1

---

[287] Quelle: University of California, Irvine: http://www.irc.uci.edu/ucideas/stef.html · Stand: 08.02.2000